I0769568

NORA LANDA BLANCO

COMEDIAS, AMORES Y ORGÍAS

(Análisis de grandes obras y autores de la literatura universal)

ERANDIQUE
COLECCIÓN

COMEDIAS, AMORES Y ORGÍAS
(Análisis de grandes obras y autores de la literatura universal)
Nora Landa Blanco

©Colección Erandique
Supervisión Editorial: Óscar Flores López
Diseño de portada: Andrea Rodríguez
Administración: Tesla Rodas—Jessica Cordero
Director Ejecutivo: José Azcona Bocock
Primera Edición
Tegucigalpa, Honduras—Noviembre de 2025

UN PUENTE ENTRE LO ANTIGUO, LO CLÁSICO Y LO MODERNO

Cada sábado, en el suplemento Día 7 de Diario La Tribuna, la periodista y escritora Nora Landa Blanco de Tróchez, para ese entonces una de las grandes de las letras hondureñas, publicaba un resumen sobre grandes clásicos universales o la vida y obra de las plumas más importantes de la historia.

Eso fue hace más de tres décadas, y era como estar en Internet: muchos lectores, entre ellos maestros y alumnos, compraban esa edición, pues les servía para sus investigaciones.

Aquellas semblanzas se convirtieron posteriormente en el libro Te regalo un resumen (que también será publicado por Colección Erandique).

La idea de reeditar Te regalo un resumen, treinta y un años después —llegó por primera vez a las librerías en 1994—, me hizo contactar a la hija de doña Nora Landa Blanco de Tróchez, la periodista y escritora (hija de tigresa, nace rayada) Norita Schauer.

Norita, a quien comencé a admirar a través de sus reportajes en ese mismo suplemento de Día 7 (Colección Erandique los publicará en 2026), me respondió de inmediato que le encantaba la idea. En esa misma conversación me habló de otro libro, Libertad tranquila, que su madre no llegó a ver.

"Me dio tanta alegría encontrar este material de mi mamá. Para mí sería un gran honor poder honrar su memoria con la presentación del libro", me dijo Norita.

Como Nora Landa Blanco fue una mujer que desafió los convencionalismos y eso que llaman "buenas costumbres", convertimos Libertad tranquila en Comedias, amores y orgías (Análisis de grandes obras y autores de la literatura universal).

"Confío en su criterio", me dijo Norita, quien a uno de sus libros lo tituló Entre más vieja… menos pendeja.

¡Y aquí está! Un puente que une lo antiguo con lo clásico y lo contemporáneo, por donde transitan despreocupadamente Remedios la Bella agarrada de la mano de Gabriel García Márquez, Juana de Arco, Homero, Hemingway, Tolstói, Asturias, Platero y yo, Octavio

Paz, empapados por el agua que levanta la cola de Moby Dick, observados desde una isla por Robinson Crusoe.

Son cuarenta y cuatro resúmenes literarios de una lectora y estudiosa incansable como lo fue doña Nora Landa Blanco. Son cuarenta y cuatro caminos en los que encontramos amor, esperanza, locura, fantasía, belleza…

El estilo es original, como era Nora Landa Blanco.

"Remedios la Bella era una imbécil. Su retardo mental proclive a la idiotez sin pasado intriga al lector, ya que, si los pasajes simbólicos de Gabriel García Márquez son tomados de la Biblia, ¿cómo es posible que esta mujer de turbadora belleza haya subido al cielo envuelta en sus sábanas a semejanza de la Asunción de la Virgen María?", razonó.

En otro de sus resúmenes dice: "La obra de Isabel Allende ha sido traducida a veintiún idiomas y es considerada como la García Márquez con faldas".

"El tema de la vejez es apasionante, y aún más cuando hay amor de por medio; tal es el caso de Fermina Daza y Florentino Ariza de El amor en los tiempos del cólera, ambos arriba de los setenta años; Susana San Juan y Pedro Páramo, ella de sesenta y dos años y él unos cuantos más, y el amor del anciano por la madre muerta de Meursault, en El extranjero de Albert Camus, frisando los ochenta."

Para aquellas personas que comienzan a disfrutar de la literatura, Libertad tranquila servirá como una guía que las llevará de la mano desde los inicios hasta 1990.

La buena lectura vive asfixiada por la vida acelerada, la tecnología y el "aprecio" de las masas por personajes que nos bombardean diariamente en redes sociales con sus ridiculices. Nora Landa Blanco nos recuerda que no hay nada que se compare a leer un buen libro.

ÓSCAR FLORES LÓPEZ
Coleccción Erandique

PRÓLOGO

Por SEGISFREDO INFANTE[1]

El 22 de marzo de 1996 publicamos en Diario La Tribuna un artículo sobre la producción literaria de doña Nora Landa Blanco.

Intentábamos en aquel momento una aproximación al rico bagaje intelectual de ésta dama, recurriendo al análisis sintético de una serie de textos reunidos por la autora en un sólo volumen bajo el titulo "Te Regalo un Resumen".

El historiador y dibujante Héctor Alfredo Martínez me preguntó en algún momento fugaz, por qué razón a doña Nora nunca le habían otorgado el Premio Nacional de Literatura "Ramón Rosa", o por qué jamás a nadie se le había ocurrió nombrarla de ministra de Cultura.

La única respuesta que pude improvisarle al amigo es que doña Nora Landa Blanco es una intelectual genuina que vive y trabaja sus ensayos totalmente alejada de los consabidos círculos literarios y políticos, que son los encargados de asignar los premios anuales o de penetrar en las estructuras del poder local.

Con el paso de los años he seguido escudriñando —a la distancia por supuesto—, la personalidad de ésta formidable mujer que ha venido regalando a los lectores hondureños una variadísima información sobre el acontecer literario universal, haciendo hincapié en los novelistas y dramaturgos de la llamada "generación perdida" de los gringos; en el "boom" de la narrativa latinoamericana y en algunos escritores europeos como Jean-Paul Sartre, Margarite Yourcenar y Graham Green, que pertenecen al rosal predilecto de sus lecturas.

Después de releer la antología "Te Regalo un Resumen" y muchos otros artículos sueltos como el "Peter Whisky" aparecido en Diario La Tribuna recientemente, he llegado a la conclusión perentoria que la mejor manera de aproximarse al mundo especifico y a la personalidad de ésta escritora hondureña, es mediante la lectura

---

[1] Historiador y Filósofo hondureño, Premio Nacional de Literatura Ramón Rosa 2024.

cuidadosa de sus mejores comentarios de literatura, en donde a veces queda entrelineada, suspendida o a penas esbozada, su tremenda soledad.

Otros caminos podrían ser demasiado anecdóticos o metodológicamente aleatorios. Mujer dura en apariencia, Landa Blanco ha agregado a su sensibilidad exquisita, las múltiples lecturas que a nuestro juicio han sido suficientes para labrarle un espacio individual, en donde florece la "libertad tranquila" tan necesaria para los espíritus independientes y nada dogmáticos como el de ella.

Su figura de mujer equilibrada en el otoño de la vida (las pocas veces que la hemos observado) transpira esa cultura escrita que ha sido fraguada en el estudio paciente de los libros.

El precio, desde luego, ha sido el ingrato aislamiento físico, voluntario o involuntario, de si misma. Tal situación me recuerda (el arenal inmenso) en la vida solitaria del poeta Edilberto Cardona Bulnes, con el agravante de las penurias económicas insalvables de este último.

Comparto con Landa Blanco (exceptuando un poco lo del "boom" latinoamericano) algunas obsesiones suyas centradas en la obra de Jorge Luis Borges, Octavio Paz, Yukio Mishima, Margarite Yourcenar y en la literatura judía representada por escritores de la altura de Isaac Bashevis Singer.

Coincido, además, con sus reiteradas denuncias en contra de las atrocidades históricas —inhumanas— del nazismo hitleriano.

Intento imaginar su aislamiento físico e intelectual cuando ella escribe en un edificio de la calle La Fuente de Tegucigalpa, porque sólo hemos tenido acceso a sus constantes artículos de La Tribuna.

Ojala que Norita y mi amiga Nina (sus dos hijas) comiencen a recopilar y a publicar los volúmenes pendientes del libro "Te Regalo un Resumen".

Sería el mejor homenaje a su mamá y una manera expedita de allanar el camino para un desapasionado y merecido reconocimiento nacional.

NORA LANDA BLANCO DE TRÓCHEZ

Engalanó el periodismo nacional durante 50 años. Su hija, la también periodista Nora Schauer, la define como una mujer que disfrutó cada minuto de su vida sin pensar en el qué dirán; una admiradora permanente de su madre Hortensia Rodríguez y una lectora sensible y entregada que sentía que al terminar de leer un libro, perdía un amigo.

Fue la primera mujer graduada en Periodismo que ejerció en Honduras.

Estudió en la Universidad de Miami y luego obtuvo su especialidad en la Universidad de Upsala en Noruega. En 1957, luego de realizar su práctica profesional nada menos que en el Miami Herald, fundó su propio periódico en Honduras bajo el nombre de El Imparcial.

Años después formó parte de la redacción de diario La Prensa en San Pedro Sula, donde se distinguió como una hábil redactora de noticias con un estilo de periodismo ágil y moderno, muy diferente al de ese entonces.

Esa acuciosidad y manera propia de buscar la noticia y de plasmarla en el papel la hizo merecedora del Premio de Periodismo Paulino Valladares, que en importancia era como es hoy el Álvaro Contreras.

Luego laboró en Canal 7 con los periodistas Norman Serrano y Gabriel García Ardón; más tarde hizo periodismo social.

Su pasión por los libros la llevó desde el clásico Homero hasta las obras de Ernest Hemingway, Isabel Allende, Gabriel García Márquez, Truman Capote y Henry Miller, entre otros.

Esta dedicación a la lectura fue reconocida por el expresidente Carlos Roberto Reina, quien apoyó la edición del libro de Nora Landa Blanco "Te regalo un resumen", que recoge síntesis de obras literarias de escritores consagrados. Los últimos diez años de su vida ejerció el periodismo literario.

"Fue una mujer especial, que me legó, además de su nombre limpio e intachable, la dedicación por el trabajo, la honestidad, el respeto y la humildad", dijo su hija.

Según Schauer, doña Nora Landa abrió el camino a las mujeres con aspiraciones de ser reporteras. En la década de los años 50 y 60 no era bien visto que una mujer anduviera a altas horas de la noche y en lugares de dudosa reputación con un fotógrafo.

"Mi mamá me contó que en ese tiempo un grupo de señoras mandó a oficiar una misa por el alma de la pecadora Nora Landa Blanco, que entraba y salía sin vergüenza de los hoteles de mala muerte y las cantinas del pueblo. También me contó que ahí estaban las historias humanas y las tragedias familiares. Por ese tiempo fue cuando le dieron el Premio Paulino Valladares, que creo a ninguna otra mujer se lo han otorgado".

La periodista Covadonga Lastra elogió su formalidad y su cultura, el grado Magna Cum Laude al graduarse en la universidad, su espíritu festivo y su convicción clara despojada de la soberbia. Y la definió como una mujer de voz profunda que no se parecía a ninguna otra, con una perfecta dicción, su larga cabellera peinada hacia atrás al estilo flamenco y su sobriedad para vestir de oscuro.

"Era hermanable y cálida y las puertas de su hogar, abiertas para todos sus amigos...".

(Tomado de Diario EL HERALDO, 25 de mayo de 2013).

REMEDIOS LA BELLA

Por la cocina de Úrsula Iguarán desfilaron los Aurelianos, las Amarantas, los José Arcadios, los Babilonios y Remedios la Bella, el personaje más absurdo en la novela cumbre del mundo latinoamericano, Cien años de soledad.

Remedios la Bella era una imbécil. Su retardo mental proclive a la idiotez sin pasado intriga al lector, ya que, si los pasajes simbólicos de Gabriel García Márquez son tomados de la Biblia, ¿cómo es posible que esta mujer de turbadora belleza haya subido al cielo envuelta en sus sábanas, a semejanza de la Asunción de la Virgen María?

Remedios la Bella era nieta de aquel primer Buendía que promovió treinta y dos levantamientos armados y los perdió todos.

El rostro de esta mujer-niña era cubierto con un velo cuando la llevaban a misa porque era tan extraordinariamente bello, que el hombre que osara verlo "perdía la placidez del sueño y se enredaba en los tremedales de la abyección y la miseria".

Su flujo era moral, su belleza casi perversa; cuatro hombres encontraron la ruina y la muerte después de ver su cara y sus ojos verde claro.

Sus veinte años están llenos de muchos episodios divertidos, absurdos algunos y otros en el límite del humor negro y de lo grotesco: (Mito y realidad: la síntesis perfecta).

A los veinte años tenían que bañarla y vestirla; no sabía leer ni escribir, se paseaba desnuda por toda la casa, se afeitó la cabeza y había que vigilarla para que no pintara animalitos en las paredes con una varita embadurnada con su propio excremento.

Es a través de este absurdo que García Márquez manifiesta su temática recurrente: amor-muerte.

La belleza puede ser un signo de muerte. Remedios tiene el poder de destruir a los hombres con solo mirarlos, ya que su frigidez y su belleza son también presagio de la muerte.

Un día la hacen reina de belleza de Macondo, un pueblo literario inexistente, pero los hechos que sí son reales son elevados al simbolismo mágico de una pluma genial.

La huelga bananera fue real, los sindicatos con sus luchas intestinas también, la intromisión norteamericana en todos los rincones colombianos fue un hecho, así como la horrible masacre de hombres, mujeres y niños que el gobierno desmintió, también fue verídica.

El autor describe la masacre así: Remedios la Bella apareció en su trono, que no parecía de lentejuela, porque su belleza —que no era "de este mundo"— opacaba todo lo que brillaba.

Era un carnaval de disfraces: "Hasta la medianoche, los forasteros disfrazados de beduinos enriquecieron la fiesta con una pirotecnia suntuosa. De pronto, en el paroxismo de la fiesta, alguien rompió el delicado equilibrio. —¡Viva el Partido Liberal! —gritó— ¡Viva el coronel Aureliano Buendía!".

Las descargas de fusilería ahogaron el esplendor de los fuegos artificiales, los gritos de terror aniquilaron la música y el júbilo fue aplastado por el pánico.

Muchos años después seguiría afirmándose que era un escuadrón del ejército que, bajo sus disfraces, escondía los fusiles y que, sin provocación de ninguna clase, tomó posiciones de combate y, a una seña de su comandante, disparó sin piedad contra la muchedumbre.

Cuando se restableció la calma, no quedaba en el pueblo ni un solo beduino, quedando tendidos en la plaza, entre muertos y heridos, nueve payasos, cuatro colombianas, diecisiete reyes de baraja, un diablo, tres músicos y tres emperatrices japonesas.

Tiempo y espacio novelesco, y lo inverosímil convertido en cotidiano y poético, son los ingredientes de la obra.

"La vida es un ritornello" —me decía hace tiempo un inolvidable amigo mío—, es la historia de la gente que se repite, pero a la inversa.

Una vez aceptado este aserto, el lector difícilmente hará a un lado los libros del colombiano.

Solo hay que esperar dos o tres generaciones para que lo sucedido hoy se repita de nuevo.

En la página 59 el autor dice: "Muchos años después, frente al pelotón de fusilamiento, el coronel Aureliano Buendía había de recordar aquella tarde remota en que su padre lo llevó a conocer el hielo".

Casi cien años después, un Aureliano ganará 32 guerras civiles, número similar a los que perdió su antepasado; los hijos heredaron la locura de los padres, el primer Buendía está amarrado a un árbol y al último se lo están comiendo las hormigas. Todo se repite en espantosa igualdad hasta que el ciclo se cierra.

En toda la obra garciamarquiana, los personajes no pueden escapar a su fatum trágico. Así como los del dramaturgo estadounidense Eugene O'Neill, todo está escrito, la baraja está echada, las cartas hay que tomarlas como vengan y serán unas leyes superiores las que habrán de decidir quién se queda con los ases.

"Mi obra carece de toda seriedad", dice García Márquez. "Lo único que trato es de contar la historia de una familia que vivía en medio del terror al incesto, la pérdida de la inocencia del hombre en un universo del que se ha retirado Dios y la renovación cíclica, a pesar de que el peso aplastante del pasado termina por detener el progreso".

Un día Remedios la Bella está en el huerto doblando unas sábanas; de repente, un ventarrón la envuelve en los "alborotados lienzos" y la levanta hasta el cielo para nunca más volver.

La historia de la levitación, según unas gentes del pueblo, fue inventada para ocultar un acto inmoral, pero para otros, en su mayoría, fue un milagro: prendieron cirios y rezaron novenas.

Cuando le preguntaron a García Márquez sobre este absurdo, él dijo que su abuelo le había contado que conocía a una orgullosísima señora tipo Bernarda Alba, que cuidaba celosamente a sus cuatro hijas. De pronto, una de ellas, la más hermosa, se fugó con el novio llevándose únicamente su ropa de dormir.

Cuando las entrometidas del pueblo le preguntaron por la niña, ella contestó con desdén: "Se fue al cielo envuelta en sus sábanas". Nadie volvió a preguntarle por la hija.

Es así como la fantasía, lo absurdo y lo grotesco llegan a convertirse en el espejo en que nos reflejamos todos.

Los Adrianos de ayer somos los hombres y mujeres de hoy, con el mismo miedo, la misma soledad, la incontrolable tristeza, la desesperanza, el tedio y la aflicción.

Esta obsesionante premonición de desastre y sombría visión de desintegro que nos presenta la obra tiene su consuelo, según el crítico McMurray, y es que, a pesar del abatimiento, aún quedan el sentido del humor y la excelencia artística para salvarnos.

MARTE, EL ODIOSO SEÑOR DE LA GUERRA

Los ejércitos están listos. El silencio se va apoderando de todo. No existe ya la noción del tiempo. Los combatientes se han olvidado del pasado y tampoco consiguen soñar con un nuevo mañana.

Todo se ha vuelto efímero en presencia de la muerte.

Súbitamente aparece él. El campo de batalla es su reino; la lucha con los soldados, su placer; la sangre derramada, su triunfo.

Tiene el cuerpo perfecto. Cabellos espesos y largos adornan su rostro.

Viste una armadura forjada por Vulcano, el armero de los dioses. Salta de su carro, que arrastran fogosos caballos, y se mezcla con los demás guerreros. Pero no defiende un ideal. No tiene amigos ni enemigos. No es partidario de la justicia porque no respeta las leyes. No protege al valiente ni al cobarde.

Su grito de guerra resuena como un rugido. Quieto, endurecido y silencioso, la naturaleza aguarda la destrucción que él siembra a cada paso. Es Marte (Ares), dios de la guerra, hijo del gran Júpiter y de la majestuosa Juno (Hera).

Algún día todo será nuevamente reconstruido. Flores, plantas y pájaros volverán a revivir en la antigua morada. Mientras no regrese Marte y con él la destrucción.

Muchos siglos antes de Cristo, los dioses eran los dueños de los destinos de los hombres. La historia fabulosa de los moradores del Olimpo —dioses, semidioses y héroes de la antigüedad— constituía la personificación de los elementos, según los filósofos: aire, sol, trueno, mar e ideas morales.

Unos eran benévolos, justos, nobles y grandiosos; pero otros, perversos, rencorosos, coléricos, vengativos, innobles y ruines.

Para separar al sanguinario Marte de la infiel Venus, interviene Minerva, casta diosa de la sabiduría y estímulo de los combates racionales y justos que Marte, en su furia, desconoce.

Figuraba dentro de esta lista de infames el sanguinario Marte, quien durante los diez años de la guerra troyana demostró una crueldad sin límite contra los hombres. De esto da cuenta Homero en uno de los episodios de La Ilíada, considerada como el libro más importante y hermoso jamás escrito después de la Biblia.

Como compañero inseparable del terror y la discordia, Marte tenía en el Olimpo una contrincante: la diosa Minerva (Atenea), divinidad guerrera muy venerada e invocada para inspirar actos heroicos, estimular la defensa de ideales nobles y conducir a la victoria luchando con inteligencia más que con la fuerza bruta.

Víctor Civita, editor de un fascículo del que hemos tomado algunos datos, relata que para los griegos Marte era un mal necesario, pero igualmente invocado cuando ya no podían más, porque era un dios primitivo que distaba mucho de la refinada cultura griega, además de ser semisalvaje, cruel e instintivo.

Su presencia llevaba a la muerte sin gloria, a la devastación sin objeto, a la victoria sin merecimiento; de allí que era utilizado como último recurso para evitar "la servidumbre".

Si bien es cierto que en Grecia no era muy amado y donde su figura no inspiró a los artistas como las otras divinidades, en Roma todo era distinto. Ahí era considerado el padre de Rómulo y Remo y, en ocasiones, superior al propio Júpiter.

Casi siempre los campesinos lo invocaban para ahuyentar las tempestades, el granizo, la nieve y otros elementos que pudieran devastar sus plantaciones.

Era una divinidad agrícola, pero luego lo convirtieron en el dios de la guerra, protector de sus conquistas.

Su importancia creció, así como la ciudadanía que, antes de conquistadores, fueron campesinos.

Los romanos celebraban a su dios con grandes festividades, y los poetas —entre los más importantes, Ovidio— lo invocan en un poema intitulado Mes de marzo, a través del cual cuenta las aventuras del dios y dice que de Marte viene marzo (el mes de marzo) y "a marzo cantó".

La crueldad de aquel celeste pecho llegó al extremo de brutalizar a cualquier mujer que osara rechazarlo. Pero no fue así con Venus (Afrodita), a quien amó de verdad hasta que fueron descubiertos por Hefesto, el esposo de esta, mediante la imprudencia del Sol, que despuntó radiante, dejando al descubierto el lecho de los amantes que dormían abrazados.

En una ocasión, el belicoso dios dio muerte a un joven que pretendía a una hermosa hembra. La muerte que le propinó fue tan horrible que no hubo más remedio que llevarlo a juicio.

Todos los dioses del Olimpo estaban presentes, pues abominaban tanta ferocidad. Él se defendía con gran elocuencia, y los dioses le oían, resultando de esta manera, y por vez primera, que todas las divinidades del Olimpo estaban juzgando un homicidio.

Fue tan elocuente que el veredicto final fue: "Ares es inocente". Desde ese momento, la colina donde se ventiló el juicio llegó a llamarse colina o distrito de Ares; en griego, Areópago.

LA CÁNDIDA ERÉNDIRA Y SU ABUELA DESALMADA

Eréndira era apenas una niña de catorce años cuando una noche, cansada del exhaustivo trabajo impuesto por su abuela desalmada, "el viento de su desgracia" volcó el candelabro que estaba junto a su cama, y la casa de "argamasa lunar" quedó reducida a cenizas.

Más o menos así es sugerido el drama para compensar las pérdidas ocasionadas por el siniestro. En este breve relato, la abuela es mencionada como la "ballena blanca", como símbolo del mal.

La fama de Eréndira, convertida en prostituta profesional, crece a medida que recorre varios pueblos con su abuela y un cortejo de cargueros indios, músicos y un fotógrafo.

Desde muy lejos vinieron hombres "a conocer la novedad de Eréndira".

Había mesas de lotería y puestos de comida, pero cuando no hubo en el pueblo ningún otro hombre que pudiera pagar algo por el amor de Eréndira, la abuela se la llevó "en un camión de carga hacia los rumbos del contrabando".

Dentro de lo absurdo y grotesco del relato de Gabriel García Márquez, la abuela comete el error de decirle a la nieta que cuando ella muera, todas las barras de oro que guarda en un chaleco de lona serán de ella.

Eréndira, de inmediato, concibe el plan de asesinar a su explotadora y convence al novio, quien después de varios atentados fallidos lo logra. Eréndira, frente al mar, huye solitaria con el fajo de oro, dejando al muchacho solo, gritándole que regrese.

Su implacable explotación del novio y subsiguiente exhibición de avaricia insinúa la posibilidad de que Eréndira represente un nuevo nacimiento del mal (ballena blanca).

Si tal es el caso, apuntan los estudiosos, la imagen arquetípica del mar sirve para iluminar el ciclo mítico de la muerte y la regeneración, sin pasar por la etapa de purificación.

Implica una valoración pesimista de la trayectoria humana.

EL MARINO QUE PERDIÓ LA GRACIA DEL MAR

Era el tiempo del Japón devastado por la guerra perdida. El país entero pasaba del heroísmo suicida de los kamikazes a la occidentalización: el whisky, la Navidad americana, la ropa, los milk shakes, el smoking para los caballeros, los alimentos enlatados y los Ray-Ban.

En ese ambiente de aceptación pasiva de otra cultura, situó Yukio Mishima los personajes de El marino que perdió la gracia del mar, una larga novela corta de una perfección helada como la hoja de un escalpelo, según palabras de su gran admiradora, la francesa Marguerite Yourcenar.

Es la historia de la relación de una viuda joven, propietaria de una tienda elegante en Yokohama, con un marino que había pasado diez años en el mar y un niño adolescente que odiaba el universo adulto.

El niño se regocijaba viendo a su madre por medio de un agujero que tapaba cuidadosamente con el cajón de un armario.

El agujero daba directamente al dormitorio de ella. Una vez involucrada eróticamente con el marino, el niño "mirón" se iniciaba en un crimen, el que fue compartido por un grupo de amigos superdotados, cínicos, sin sentimientos, que desdeñaban la hipocresía de los mayores.

El crimen es perfecto; la banda de niños incurre en la violencia fría, de tono seco, que marca la obra tardía de Mishima, el escritor japonés más conocido fuera del ámbito literario de su país y, a la vez, considerado como un clásico en vida.

El 25 de noviembre de 1970, a los 45 años de edad, Mishima se daba muerte ritual abriéndose el vientre en público, para luego ser decapitado por su amigo.

La realización del seppuku (suicidio ritual) puso de manifiesto la denuncia del escritor sobre lo que él consideraba la traición al Japón: "Una inocencia vendida en el mercado".

EL SEÑOR DE LAS MOSCAS

El libro de 236 páginas es el relato de unos treinta niños, únicos sobrevivientes de una catástrofe aérea, que cayeron en una isla desierta y la encarnizada lucha entre el bien y el mal.

Unos permanecen buenos y los otros muestran un lado de perversidad tan lamentable que deja frío al lector más sereno.

Contrario a la teoría optimista de Rousseau, en el sentido de que todos somos buenos, casi ángeles al nacer, y es la vida y sus circunstancias las que nos vuelven ruines y, en ocasiones, villanos, William Golding, Premio Nobel de Literatura precisamente por esta obra, opina lo contrario: "El hombre nace malo, con todos los vicios en estado latente, y lo que nos permite vivir en armonía con los demás es la civilización y la cultura".

En otras palabras, si no fuera por la educación y las buenas costumbres aprendidas en casa o en las escuelas, todos actuaríamos con malignidad y salvajismo.

Esta teoría, que en él es la constante de toda su obra, ha sido compartida por un sinnúmero de grandes escritores de la talla de Melville, Mauriac, Genet y Graham Greene, entre otros.

Dice Golding que no es necesario creer en una fuente natural del mal. Los hombres son, por sí mismos, capaces de todas las maldades o, bien, "el hombre produce el mal como la abeja produce miel".

Su obsesión por el mal (como lo fuera en Melville con su Moby Dick) la volcó en los personajes que retrata como antihéroes y cuya agresividad está semiculta, pero siempre presente.

"Es la parte de la naturaleza humana", dice. El crítico literario Enrique Sordo afirma que la filosofía de Golding es sencilla: "Todo hombre situado fuera de su propia civilización se transforma gradualmente en un salvaje; pero no en el buen salvaje de los antiguos moralistas, sino en un ser desplazado, brutal e irracionalmente".

Y es el desolador mensaje que el escritor inglés transmite a través de El señor de las moscas, su obra más significativa y que se vende por millones en todo el mundo.

DESEO BAJO LOS OLMOS, UNA PERVERSION HUMANA

En esta obra todos están en contra de todos. La granja es la manzana de la discordia, el símbolo de un paraíso perdido con una atmósfera asfixiante, a través de la cual se perfila la perversión humana, la preocupación religiosa y la nostalgia primitiva.

El éxito y aceptación general de esta pieza, puesta en escena en el famoso Teatro Libanés de México, consiste en que el hombre sigue siendo el mismo: solo cambian los lugares y las personas; de ahí, todo es igual y seguirá siendo hasta que el mundo siga siendo mundo.

La trama de El deseo bajo los olmos comienza cuando Efraín Cabot, un rudo trabajador dueño de una granja, lleva a su casa a la tercera esposa. Sus dos primeras esposas han fallecido, y los tres hijos lo odian y conspiran contra él. Eben, el único hijo de la segunda esposa, roba el dinero del padre para comprar la parte de la herencia que le corresponde a sus hermanos mayores, quienes parten hacia California llevados por la fiebre del oro.

El segundo acto describe el creciente odio que la nueva y joven esposa siente por el marido y la atracción hacia el hijastro, hasta culminar con el incesto "técnico", ya que ella es la madrastra.

En el mismo acto se desprende que la joven dueña de casa se ha casado con el viejo Efraín solamente para apropiarse de la tierra, derecho que le asiste, puesto que va a tener un hijo, pero que todo el mundo sabe que es del hijastro.

Cuando el muchacho se da cuenta de la ambición de la madrastra y la increpa duramente, ella asfixia al niño como prueba de que su amor es auténtico y no fruto del interés. Finalmente, el muchacho se da cuenta de la sinceridad del amor de Abbie, pero antes la había denunciado por el crimen y acepta compartir con ella la culpa. Los amantes parten a cumplir su condena y el viejo Efraín se queda solo en la granja.

Casi toda la obra está basada en su propia vida, que puede considerarse miserable.

Fue triste su infancia y más desoladora aún su vida adulta, salpicada de verdaderas tragedias, como la muerte de su hijo completamente alcoholizado, el suicidio de su otro hijo varón, el repudio a su hija Oona O'Neill, viuda de Charles Chaplin; el alcoholismo de su padre y de él mismo, la drogadicción de su madre y sus tres desdichados matrimonios, entre otras cosas.

Su teatro es conocido como "confesional" porque narra las vivencias de sus personajes; no importa cuán sublimes o vulgares, se narra a sí mismo: El gran dios Brown, Lázaro reía, Marco Polo y sus millones, Extraño interludio, Electra, Días sin fin, Viaje de un largo día, Antes del desayuno, etc.

El típico héroe de una tragedia de O'Neill lucha y sufre inevitable derrota, como todo héroe trágico, pero, a diferencia del héroe tradicional, no lucha activamente contra un enemigo externo ni busca la victoria sobre el enemigo que tiene dentro; tal es la apreciación de Frederick Carpentier en su libro Eugene O'Neill.

Para O'Neill, ganador del Premio Nobel de Literatura en 1953, todo está irremediablemente perdido. Se refiere a la vida como un espectáculo intensamente dramático en el cual hay que aceptarlo todo, hay que recibir todas las cartas; tal es la regla del juego.

Por otra parte, dice que los seres humanos somos juguetes del destino, del que no podemos escapar, porque la fuerza de la fatalidad ya ha asignado nuestra trayectoria humana.

Volviendo a la obra, el viejo es, en realidad, quien domina toda la acción. Se pasea por todo el escenario como un instrumento del mal y de la destrucción de los otros; es un tirano que ejerce su propia justicia en procura de poseer la granja y la juventud de los otros por entero.

El padre es la encarnación del derecho de propiedad, el vocero de una sociedad materialista que destruyó el alma de los otros hombres. Por lo tanto, se le odia, pero —y este es el punto capital— se le respeta y se le reconoce como la encarnación de la voluntad humana, del poder que crea los valores del mundo material.

La obra completa de Eugene O'Neill es abismal. "Somos ángeles, perversos y honestos, y a la vez viles", pero él, según afirman sus más cercanos biógrafos, no tiene predilección por los santos y por los puros; prefiere a los seres desdichados y aun a los canallescos, porque sabe que alguna vez necesitaron amor y no lo tuvieron.

Al asomarse a sus abismos, O'Neill saca en apretado haz lo puro y lo abyecto, lo bello y lo horrible, revelando los secretos más íntimos de la ambivalencia del hombre.

No somos ángeles ni demonios; somos ángeles y demonios que él libera, dándoles vida, cumpliendo así el clásico postulado de que todo arte es una liberación del propio creador.

EL OCASO DE UN IMPERIO

Sobre el asesinato del zar de Rusia, su esposa la zarina y sus hijos, las grandes duquesas Alexandra, Olga, Tatiana, María, Anastasia y el zarevich Alexei (heredero del imperio), la historia no proporciona mayores detalles. No hubo testigos. Si los hubo, no hablaron.

De ese sangriento suceso que acabó con el último zar de Rusia se ha hecho eco el cine, a través de la mundialmente proyectada cinta Anastasia, cuya apasionada vida —si es que en realidad sobrevivió a la brutal masacre— permitió conocer un poco del país de las desoladas estepas, su cultura, su arte y su destino.

La noche del 16 de julio de 1918, Nicolás II, zar de todas las Rusias, de 50 años de edad, fue ejecutado con toda su familia. Responsables del asesinato fueron los "bolcheviques", palabra que significa simplemente "mayoría". Con él desaparecería la dinastía de los Romanov, que tuvo su inicio en 1613 con un joven noble llamado Miguel Romanov.

Durante 300 años, los Romanov gobernaron el vastísimo territorio ruso. Si bien es cierto que hubo guerras, engaños y traiciones, nadie osaba discutir la decisión del rey, a quien deificaron en tal forma que lo llamaban "padrecito".

En el transcurso de los siglos, siete décadas de reinas gobernaron sin interrupción por setenta años.

La rama masculina de los Romanov se había extinguido vía idiotez, hemofilia, derrocamiento o asesinato.

Catalina la Grande, para el caso, destronó a su insípido esposo Pedro III y se coronó emperatriz. El depuesto monarca fue asesinado diez días después, supuestamente por órdenes de la gran Catalina.

LA ZARINA ASESINADA

La zarina asesinada, Alejandra Feodorovna, era alemana y había llegado a Rusia para contraer matrimonio con el príncipe heredero. Tenía 19 años.

Veinte años después, a los 39, era abatida a tiros.

Nunca fue aceptada por el pueblo ruso, que desde el primer día la apodó con el sobrenombre de "la mosca de Hesse" y, en otras ocasiones, "la provinciana alemana".

Esta animadversión fue creciendo con el tiempo, a medida que se iba apoderando de su mente, sus movimientos y decisiones, el inescrupuloso, libertino e innoble Grigori Rasputín, figura nefasta odiada por la historia.

El príncipe Yusúpov asesinó a Rasputín. El pueblo se lo agradeció.

El embajador británico en Rusia (1910-1918), Sir George Buchanan, consideró al zar Nicolás II como una de las figuras más débiles e inútiles de la historia.

Según sus declaraciones, recogidas en textos de historia, su carácter indeciso le hizo secundar servilmente a la zarina, persona limitada, por no decir ignorante, fanática y entrometida, que era realmente la dueña de los destinos del país y del régimen.

A la hora del asesinato, el pequeño zarevich, atacado por la hemofilia, contaba 13 años.

RASPUTÍN, HOMBRE NEFASTO QUE EJERCÍA EL PODER DETRÁS DEL TRONO

Durante todo este tiempo, los intelectuales se habían dedicado a escribir sobre los dolientes y miserables seres humanos.

La literatura era sombría. La angustia los atormentaba: la opresión, el hambre, la orfandad espiritual, el analfabetismo del enorme pueblo, los trabajos forzados en Siberia y la malgastada energía del campesino "mujik" los hacían vulnerables al cambio.

Pero querían un cambio provechoso, tal como lo dijera el mítico Tolstói en 1902: "La organización social se debe cambiar sin recurrir a la violencia, procurando el progreso moral del individuo; porque si no, solo se cambiaría una injusticia por otra".

DOSTOIEVSKI: EL HOMBRE NO ES DEL TODO BUENO NI DEL TODO MALO

Crimen y castigo, El idiota, Humillados y ofendidos y Los hermanos Karamázov son el producto del genio de Dostoievski, quien preconizó la idea de la salvación del mundo por medio de la comprensión y el amor.

El hombre —decía Dostoievski— no es del todo bueno ni del todo malo, ya que hasta los criminales pueden ser de naturaleza grande, fuerte y hermosa.

Chéjov, por esos tiempos de zozobra y derrumbe, escribía cosas muy tristes, como si ya nada valiera la pena. Ejemplo: La gaviota y El jardín de los cerezos, obras breves en las que se capta toda la pesadumbre y desencanto que experimentaban los intelectuales durante ese nefasto período de adaptación.

Narraban episodios, más que instantes, de la aristocracia caída o en vías de despojo.

Estas obras, que presentan nuevos estilos literarios y técnicas para el arte, han sido traducidas a todos los idiomas cultos y todavía se presentan con gran éxito en el mundo entero.

MÁXIMO GORKI

Máximo Gorki, que significa "amargo", no nació con ese nombre. Durante este período de incertidumbre, no escribió sobre el mártir ido de sus antecesores —el campesino o "mujik"—, sino sobre el bandido y el proscrito lleno de vida y amante de la libertad.

En una ocasión fue elegido para la Academia, pero el zar Nicolás II rechazó su nombramiento, lo cual provocó la renuncia indignada de sus amigos Chéjov y Korolenko.

Gorki se convirtió en la figura dominante del medio literario de la revolución. Decía que el hombre era "la más grande maravilla de la naturaleza".

Su obra más famosa, después de La madre, es Los bajos fondos, que pinta un asilo nocturno con sus huéspedes miserables, bandidos, vagabundos y viciosos. Todos seres extraños y apasionantes.

El camino fue largo y tortuoso. Los intelectuales vieron derrumbarse la dinastía de los odiados Romanov, pero también muchos de ellos se quedaron estancados en esta estepa salpicada de sangre, de tedio, melancolía, vicio, juego y alcohol.

El alma rusa estaba por los suelos, y sus reyes también.

EVA LUNA

Eva, a quien su madre le puso así "para que tuviera ganas de vivir", y Luna porque su padre, un indio de ojos claros, pertenecía a la tribu de los hijos de la Luna.

Es el prototipo de la mujer latinoamericana destinada a desempeñar servicios para otros desde que nace.

Así la presenta su autora, Isabel Allende. Además, la pinta prematuramente envejecida, tempranamente violada, con pocos derechos.

Es la mujer de todos los tiempos en nuestro continente y, estudiándola detenidamente, se convierte en una ciudadana de última categoría.

Para Isabel, sobrina del malogrado Salvador Allende de Chile, su Eva Luna es una mujer del Tercer Mundo con todo en contra: hija ilegítima, huérfana, iletrada y pobre de solemnidad.

Su obra se desenvuelve dentro de una línea realista mágica, y como trasfondo, la historia de su país, que se desangra en la guerra civil, los golpes de Estado y las fatídicas dictaduras militares.

Una y mil aventuras vive Eva, sobre todo después de la muerte de Consuelo, su madre, alrededor de cuyo personaje bien podría escribirse un libro entero.

Consuelo tenía por amo a una antisocialista que había calculado que si se repartieran las riquezas del mundo, a cada habitante del planeta le corresponderían menos de treinta y cinco centavos; por lo tanto, las revoluciones eran inútiles.

A través de las páginas del libro, amenísimo como pocos, se conoce el pensar y sentir de su autora, sobre todo su desprecio y odio absoluto por ese militar rechoncho y remoto.

En la página 73 destaca: "El General tiene razón, aquí nadie se muere de hambre; estiras la mano y agarras un mango, por eso no hay progreso. Los países fríos son más civilizados porque el clima obliga a la gente a trabajar".

La obra de Isabel Allende ha sido traducida a veintiún idiomas y es considerada como la García Márquez con faldas.

"Todos mis libros llevan algo detrás —dice—: amor, odio, espanto y cólera; pero tras Eva Luna existe la realización de lo femenino, al fin como mujer."

LA CASA EN MANGO STREET

"No soy de aquí ni soy de allá" es la tonadilla que sirvió a la novelista Sandra Cisneros para escribir La casa en Mango Street, considerada como el clarinazo de un tipo de literatura: la chicana.

En este libro, Sandra Cisneros revela la vida cotidiana de las comunidades latinas en Estados Unidos.

Ya una vez instaladas en barrios aparte, nacen sus hijos y también una nueva generación de desilusionados en busca de su identidad.

Tal es el caso de Esperanza, la protagonista del libro, quien vive una vida modesta: una niña que presiente que pronto será mujer y que ansía más espacio y su derecho a la libertad.

Así como Esperanza, se han establecido hispanoamericanos conocidos como "chicanos"; una legión de seres humanos que no son bien vistos ni en el país adoptivo, por no dominar a la perfección el idioma, ni en su cuna natal, por introducir anglicismos para expresarse.

En uno de los capítulos, dice Esperanza, los que no saben de nuestro paradero llegan a nuestros barrios asustados. Creen que somos peligrosos, ladrones y revoltosos, que los vamos a asaltar con navajas brilladoras; son gringos que se han perdido y caen aquí por equivocación.

A los inmigrantes les hacen falta costumbres, comidas, bullicio y los familiares que dejan atrás, sobre todo durante la Navidad y el Año Nuevo, que llega a ellos como "una esperanza para volver" y recuperar todo lo que dejaron atrás.

La protagonista de La casa en Mango Street conoce las humillaciones y el desprecio, que son los mismos, solo que con distinto nombre.

Su sueño inmediato es la obtención de la famosa "green card", documento que les permite trabajar sin el peso de "la migra", que los mantiene en constante sobresalto.

Pero de pronto, las distancias se alejan más, los recuerdos se borran y el olvido les llega a poquitos.

Apartándonos un poco de los protagonistas del libro, pero siempre refiriéndonos al tema temor-desprecio-aceptación, existe la Estatua de la Libertad en la isla de Bedloe, en Nueva York, y en cuya base aparece inscrito un hermoso mensaje de justicia y libertad que dice:

"Dadme vuestros cansados, vuestros pobres, vuestras hacinadas masas ansiosas de libertad, la miserable resaca de vuestras rebosantes costas. Enviadme los desposeídos, los náufragos: alzo mi antorcha junto a la puerta de oro".

Esta extraña promesa de amor y compasión, escrita por la poetisa judía Emma Lazarus hace más de cien años, se ha cumplido en parte: gentes del mundo, indocumentados o no, desempeñan empleos de acuerdo con la nación que los arrulló de niños.

Entre las "hacinadas" masas ansiosas de libertad que habitan la ciudad de oro figuran los chilenos y los uruguayos, víctimas de aquellos años de Pinochet y Stroessner; los salvadoreños, guatemaltecos, cubanos, colombianos, millares de hondureños, nicaragüenses y haitianos.

También transitan las calles de "la asfaltada jungla" los puertorriqueños y los mexicanos, hasta formar un conglomerado muy importante llamado por los estadounidenses, y en forma despectiva, "spiks" y "greasy".

A esta singular presencia múltiple y colorida hay que agregar a los irlandeses e italianos. A estos últimos los llaman "dagos", pero son admirados y respetados.

Los irlandeses se caracterizan por atender bares y los otros por ser propietarios de restaurantes y mantener viva la imagen de poder (los norteamericanos aman a los poderosos y desprecian a los perdedores) y la elegancia de sus "padrinos": los Hoffa, los Corleone, Anastasia, De Vittos, Carmine y Giancana, entre otros.

Otros huéspedes de importancia son los coreanos, que controlan las tiendas de abarrotes; los indios de la India, especialistas en la venta de alhajas y perfumes; los polacos, llamados "pollakas", dueños de salchichonerías; los chinos, con sus restaurantes especializados y otros negocios de gran rentabilidad; los iraníes, que controlan la conducción de taxis; y otros que, de una forma u otra, son considerados como parte de "la miserable resaca" a la que hace alusión el mensaje de la diosa de piedra.

Dentro de todo este inmenso vaivén de sentimientos, idiomas, costumbres, resabios e historias, han surgido dos figuras muy singulares: el trasplantado que sueña con volver y el mexicano que vende flores en las esquinas.

La mayoría de los norteamericanos quisieran que esta multitud de extranjeros que han llegado para quitarles sus empleos volviera a sus respectivos países. Pero ya es tarde: su "casa está tomada".

Con esta obra, traducida por Elena Poniatowska y Juan Antonio Ascencio, Sandra Cisneros seguirá alimentando esta nueva literatura, que la presenta como una campeona contemporánea, avalada con el primer premio a la mejor novela corta, conferido por la Universidad de Arizona.

MARIA ANTONIETA: 200 AÑOS DESPUES

Diecisiete mil cabezas guillotinadas rodaron durante los quince meses que duró el período conocido como el Reino del Terror de Robespierre.

Entre ellas, las de María Antonieta, Madame du Barry, Charlotte Corday, Madame Roland, Danton, sus amigos los girondinos, los aristócratas, los moderados, los jacobinos imprudentes y el mismo Robespierre.

El único que se salvó de esta carnicería fue Marat, por haber sido asesinado semanas antes en su casa por Charlotte Corday.

La belleza y la simpatía de María Antonieta y sus extravagancias fueron el foco de atención de la corte de Luis XVI y el origen de exageradas calumnias que la comparaban, por sus excesos, con la lujuriosa Mesalina.

Era la media mañana del 16 de octubre de 1793, en un París frío y agitado. El pueblo esperaba con impaciencia la carreta que habría de conducir a su reina, que desde hacía varios meses guardaba prisión en una celda sin aire ni luz, acusada, entre otras cosas, de haber corrompido a sus hijos.

Luego se escuchó el sonido de los tambores y apareció "la viuda de Capeto", María Antonieta, de 38 años de edad, quien fue exhibida por todo París. La multitud pedía su cabeza.

Ninguna imagen más expresiva ni más elocuente del enorme cambio que se había operado en ella como el captado dibujo de Jacques-Louis David, el pintor de la Revolución.

El artista —apunta la historia— la vio pasar rumbo al encuentro de su destino, convertida en una ruina humana.

Numerosos escritores contemporáneos han novelado la vida de aquella bella mujer, de esbelta figura, de piel extremadamente blanca, alegre, despilfarradora, mimada, excepcionalmente gentil y vital, quien pronto se convirtió en el símbolo escandaloso de la más depravada corte de Europa.

No obstante haberle dado cuatro hijos a Luis XVI, la joven se aburría soberanamente. Sus faltas, exageradas al máximo por la opinión pública, sirvieron para considerársele "un ser depravado, vendido a los intereses de la Casa de Austria".

Maximilien de Robespierre, el incorruptible, encarnó las virtudes y contradicciones de la Revolución Francesa.

Quizá, en esas horas últimas de su vida, María Antonieta evocaba la adoración que le profesaban sus padres, los emperadores de Austria, Francisco I y la sabia María Teresa, lo mismo que la corte vienesa y el país entero, que veneraba a su rubia.

A los 12 años supo María Antonieta que iba a ser reina de Francia, y su madre comenzó a prepararla.

A los 15 años contrajo matrimonio con el Delfín, un muchacho de 20 años, bondadoso, débil y no muy inteligente.

Por eso quedaba atrás y marchaba más valiente de lo que hubieran deseado sus detractores, hacia la Place de la Concorde, en donde se erigía la máquina construida por el doctor José Guillotin como "instrumento económico y humanitario de ejecución": la guillotina, y a un lado el impávido verdugo Sansón.

La historia describe así los últimos momentos de la reina que hizo famoso el collar realizado con mil diamantes, rubíes y esmeraldas, destinado a la du Barry pero atribuido a ella por motivos políticos, orquestados para desprestigiarla.

"Con gran dignidad, a pesar de las terribles acusaciones de libidinosa y perversa, únicamente comparada a la Mesalina, subiría lentamente los peldaños del cadalso; redoblarían los tambores, caería la cuchilla y la cabeza ensangrentada, asida por los cabellos por uno de los verdugos, sería mostrada a la multitud vociferante."

Doscientos años después, el mundo aún recuerda a la dama.

LA MUERTE DE UN VIAJANTE

Cuando en 1949 el Teatro del Mundo presentó por vez primera "La Muerte de un Viajante", el público supo de inmediato que estaba frente a una obra maestra.

La pieza es una tragedia. Se trata de hombres de negocios arrancados de la escena norteamericana que forman parte de la vida normal de aquel país.

Muy lejos están esos individuos de los sabios, reyes y favoritos de los dioses, estos hombres son ordinarios, comunes y sobre todo fatigados.

"La Muerte de un Viajante" es la obra cumbre del dramaturgo norteamericano, Arthur Miller, el escritor compasivo que ha logrado rescatar a la gente ordinaria de su desilusión e inconformidad.

Su personaje es Willy Loman, un hombre de más de sesenta años que ha viajado toda su vida vendiendo artículos para empresas poderosas que ya no quieren saber nada de él.

Todo lo ha dado a cambio de muy poco. Un hombre así forzosamente tiene que experimentar diferencias emotivas en su hogar.

Sus metas son limitadas: agradar a los demás, codearse con gente importante, ser alguien, trabajar toda una vida para hacerse de una casa, un buen carro y un seguro de vida.

Los diálogos de la obra escrita en dos actos son un réquiem, son cortos, penetrantes y dolorosos.

Linda, la abnegada esposa, Bill y Happy, los dos hijos ya hombres, sobre todo el primero, es el castillo de barajas en el que se sostiene el alma de Willy, derrumbado éste, cae estrepitosamente el padre vía suicidio, pensando únicamente en que su seguro de vida solucionaría todos los problemas de la familia.

Willy Loman se mata el mismo día en que su esposa hacía el último pago de la casa. Ya no debía nada.

Arthur Miller es un escritor comprometido que junto con Eugene O'Neill, Premio Nobel de Literatura, Tennessee Williams forman una poderosa trilogía jamás eclipsada por nadie.

EL AMOR NO CORRESPONDIDO DE ISABEL LA CATÓLICA

Dieciocho años tenía Isabel, conocida como la Católica, cuando decidió contraer matrimonio con su primo hermano Fernando de Aragón, un año menor que ella.

Acababa de morir Martín I, el "Humano", sin herederos; en consecuencia, le tocaba en turno al joven Fernando, de la casa de Trastámara, regir los destinos de Aragón.

El hermano de Isabel, Enrique IV "el Impotente" (según parece, el pueblo "bautizaba" a sus monarcas), se opuso a esta unión, pero ellos secretamente contrajeron matrimonio, Fernando disfrazado de arriero y ella semioculta.

Para evitar la furia del hermano, se refugiaron en diferentes castillos y monasterios.

Isabel también tenía una hermana, Juana, hija de su madre, la reina de Portugal, y de un supuesto amante de apellido Beltrán.

La joven fue postergada en los derechos de sucesión debido a su bastardía y pasó a la historia con el sobrenombre de la Beltraneja.

El camino estaba limpio. El "Impotente" había muerto, así que los jóvenes fueron proclamados soberanos católicos de España.

Los años pasaron, y el amor también, por lo menos de parte del rey. Esta, sin embargo, llenó el vacío del amor no correspondido luchando contra los moros en cruentas batallas, en las que participaba desde los campamentos.

Era tanto el cariño que sentía la reina por sus caballeros armados, que decidió instalar centros de asistencia médica.

La historia la registra como la primera persona en establecer un hospital militar en el mundo.

Isabel era alta, rubia y de ojos azules. Era también visionaria, y lo demostró al instituir el Santo Oficio, con el objeto de imponer la unidad católica en la península.

Su fanatismo no tenía límite. Esta obsesión por catolizar el mundo la heredó a sus hijos, nietos y bisnietos. Una especie de demencia suave, pero que en ciertos casos desencadenó la locura de la casa de Trastámara.

Por otro lado, decidió que la única forma de convertir la renuente aristocracia feudal en cortesana era regalándoles cargos importantes, al tiempo que se ganaba al campesinado, liberándolo de la opresión señorial.

La reina era incansable. Su juventud y buena salud le permitían emprender grandes hazañas, como la lucha contra los moros, que se extendió hacia los judíos —a quienes expulsó—; a los primeros los derrotó y a los gitanos los ejecutó.

Los rasgos étnicos de aquella España y su sanguinaria reina eran de "fatalismo", decía el poeta argentino Leopoldo Lugones, quien agregó que la tendencia fantaseadora que suscitó las novelas caballerescas, parientas cercanas de Las mil y una noches, desembocó en un patriotismo que es más bien un odio puro contra el extranjero, tan característico de España entonces como ahora.

Un día decidió Isabel apoyar a Colón en su viaje de ilusión. Este y sus hombres, apunta Lugones, exportaron a sus dominios de ultramar la locura furiosa y patológica de su reina y su gente.

Tres acontecimientos cambiaron el acontecer histórico durante el reinado de Isabel y Fernando, los Católicos: el fin de la presencia árabe en la península, la expulsión de los judíos y el descubrimiento de América.

A los 51 años de edad, Isabel enfermó, pero antes de morir agregó a su testamento un codicilo donde pedía ser sepultada junto a su esposo, pues solo así, juntos en el suelo, sus almas se encontrarían también en el cielo.

Pero lo que no se imaginó la reina fue que su esposo Fernando volvería a contraer nupcias ni dos años después de su muerte.

Algunos estudiosos dudan que el supuesto amor fuera real; se especula que pudo haber sido un ardid político.

La historia registra que el 18 de marzo de 1506, Fernando II, "el Católico", contrajo segundas nupcias con Germana de Foix, una noble francesa que era nada menos que sobrina del rey de Francia.

Este fue, sobre todo, un matrimonio político, pues las relaciones entre Francia y la Corona de Aragón eran muy difíciles, ya que llevaban varios años de guerra para conquistar el Reino de Nápoles.

PLATERO Y YO

El dulcísimo Platero, "pequeño, peludo, suave, tan blanco por fuera, que se diría todo de algodón", continúa firme en las estanterías de todas las librerías del mundo de habla hispana.

Este breve libro, en donde la alegría y la pena son gemelas, cual las orejas de Platero, estaba escrito para... qué sé yo quién... para quien escribimos los poetas líricos... Esta es, a guisa de introducción, lo que dice el poeta andaluz Juan Ramón Jiménez en su famoso libro.

Estudiosos de la obra y de su inagotable popularidad hacen énfasis en la melancolía, las alusiones veladas y el tono no contemporizador, la ausencia de felicidad, de carencias, de insatisfacciones y "difusa presencia de imposibilidades", lo mismo que la soledad buscada, el aislamiento y la pesadumbre.

Puede decirse que Juan Ramón Jiménez dedicó su poesía, incluyendo su obra cumbre Platero y yo, a resaltar lo humilde, las cosas pequeñas del mundo, las vidas pobres y campesinas desdeñadas por todos.

Sus páginas admirables se han convertido hoy en lo que los escritores califican como eternidades ideales.

En Ángelus, décima estampa del libro, mediante la cual le llueve al inocente burrito un mundo de sublimidad, de ternura, de belleza y de humildad a través de innumerables rosas de todos colores, le dice al poeta:

"Mira, Platero, que de rosas caen por todas partes; rosas azules, rosas blancas, sin color... Diríase que el cielo se deshace de rosas.

Mira cómo se me llena de rosas la frente, los hombros, las manos. ¿Qué haré yo con tantas rosas?

...Parece, Platero, mientras suena el Ángelus, que esta vida nuestra pierde su fuerza cotidiana, y que otra fuerza de adentro, más altiva, más constante y más pura, hace que todo suba a las estrellas que se encienden ya entre rosas... Más rosas.

Tus ojos, que tú no ves, Platero, y que alzas mansamente al cielo, son dos bellas rosas."

LA VIDA SECRETA DE MARILYN MONROE

A las 5 de la mañana del 4 de agosto de 1962, el mundo fue sorprendido con la noticia de la muerte de Marilyn Monroe, una combinación de delicadeza, nostalgia y brillo que hizo exclamar a un pastor no denominacional: "¡Qué temible y maravillosa la hizo el Creador!".

Han pasado muchos años desde aquel amanecer y aún el misterio no ha sido descifrado. ¿Suicidio? ¿Quién querría lastimarla si ya, desde su nacimiento como Norma Jean, venía herida?

En los 39 libros que se han escrito sobre Marilyn Monroe, siempre aparece el dato de que los profesionales del delito de California se habían interesado en la diosa antes de que Kennedy llegara a la presidencia.

El interés hacia ella y lo que significaba su relación amorosa con el expresidente de los Estados Unidos y su hermano, el procurador general Robert Kennedy (ambos asesinados), era dirigido por el gánster de Los Ángeles, Mickey Cohen.

Este, a su vez, era subordinado del "jefe de jefes", Sam Giancana, el mandamás del Sindicato de Camioneros de Chicago y el monarca en el trono ocupado otrora por el rey de la mafia, Al Capone.

Otros mafiosos de gran importancia bajo el mando de Giancana eran Johnny Rosselli, Paul D'Amato y el temible Jimmy Hoffa. Estos amos del desorden desproporcionado eran, a su vez, grandes amigos de Frank Sinatra, asiduo visitante de la Casa Blanca, ocupada entonces por el clan Kennedy.

Siete partes conforman la crónica-ensayo del libro Diosa: Las vidas secretas de Marilyn Monroe de Anthony Summers: En la tierra de los escorpiones, El desastre DiMaggio, Matrimonio deshecho, Mente deshecha, Marilyn y los hermanos Kennedy, La vela se apaga, Bibliografía y Postscriptum 1986.

Su vida etérea tomó un rumbo de misterio y soledad desde su adolescencia, cuando, a la edad de trece años o menos, ya andaba de hogar en hogar debido a la inestabilidad de su madre (murió en el manicomio), enfermedad heredada de su abuela y bisabuela, quienes también sucumbieron en el mundo de la esquizofrenia y la depresión maníaca, y de su abuelo, que se ahorcó porque no soportaba la tristeza.

A la edad de 16 años, Norma Jean, como era su nombre verdadero, contrajo matrimonio con un joven insignificante.

Después de este matrimonio se sucedieron dos o tres más, pero los más conocidos fueron con Joe DiMaggio, el atleta más famoso del mundo en aquel entonces, y con el dramaturgo Arthur Miller, quien escribió el guion cinematográfico para ella, intitulado Los inadaptados (The Misfits).

En el libro de Summers, considerado como la mejor biografía sobre "la amante de todo el mundo", aparecen varias fotografías que muestran, tal como lo apunta el autor, el triunfo y la caída de Norma Jean, haciendo hincapié en su ocaso.

Es un libro que pretende reivindicar a la mujer que, además de actriz, siempre se encontró preocupada por hallarle una explicación al mundo que la rodeaba; la mujer de vida atormentada y compleja que, a pesar de la fama y los aplausos, cargó a cuestas una desgarradora soledad.

Si bien pareciera que Summers quisiera acabar con el mito Monroe, penetrando a través de todos los misterios de la diosa —sus abortos, su frigidez, su lesbianismo, su alcohol, sus barbitúricos, su desaseo, sus amantes, entre quienes figuraron Yves Montand, Frank Sinatra, los hermanos Kennedy, el expresidente y el exprocurador general, y Marlon Brando—, logra rescatarla al exponerla ante una sociedad que la lincha, la utiliza y la descarta cuando ya no es de utilidad.

Dice el autor: ¿Quién era la mujer que hizo que la notáramos más que a cualquier otra mujer en su época y luego hasta el fin de este y el otro siglo? ¿Cuánto de esa alquimia se debió al talento y cuánto a los abrazos cuidadosamente seleccionados de hombres poderosos? ¿Qué había en el centro oculto del fenómeno que era Marilyn Monroe?

Detrás de las hipérboles y la histeria había una niña que creció hasta convertirse en mujer, que era un símbolo de amor pero esencialmente una solitaria, que murió famosa pero en la locura a la edad de 36 años, soñando con la monogamia y la maternidad.

A no ser por una o dos personas, nunca tuvo amigos verdaderos, y estos, a su vez, se burlaban de sus ansias de superación, deseo que logró cristalizar a través de incesantes lecturas que solía analizar en forma interesante.

Marilyn tenía la manía de anotarlo todo. Por años escribió una especie de diario en el que consignaba todo lo significativo que sucedía a su alrededor y a ella misma. De ahí la importancia que cobró, ante la opinión pública, la misteriosa desaparición de su diario cuando fue encontrada muerta, supuestamente por el actor Peter Lawford, que fue el primero en verla...

El cuñado de los Kennedy desempeñó el triste papel de intermediario entre ella y los Kennedy. Una de las esposas de Lawford declaró posteriormente que este destruyó evidencia la noche que Marilyn murió.

Más que el suicidio-asesinato de Marilyn Monroe, el pueblo norteamericano quería saber lo que había sucedido en realidad:

¿Qué tanto había de cierto sobre el tan traído y llevado "voraz apetito sexual" de su presidente y de su procurador general, John y Robert Kennedy?

Debido a estas fallas, ¿cuán vulnerables eran ante la mafia y sus presiones sus mandatarios? ¿Qué tanto sabía Marilyn del atentado (supuesto) contra la vida de Fidel Castro? ¿Qué papel desempeñó en todo esto el director del FBI, Edgar J. Hoover? ¿Por qué insinúa el senador Smathers que la muerte no fue causada por una sobredosis de estupefacientes? ¿Es que Marilyn sabía demasiado y temían que pudiera revelar los secretos de los grandes infieles?

Diosa es un libro desgarrador, meticulosamente investigado e interesante para los que gustan de conocer un poco más del "ocaso de los dioses" y los sufrimientos terrenales que estos experimentan para llegar a conquistar el reconocimiento público.

El precio que tuvo que pagar Norma Jean, o Marilyn, fue demasiado alto, máxime cuando los magnates del cine la consideraban "un riesgo de mala publicidad no rentable para la próxima película"...

ROBINSON CRUSOE, EL NAUFRAGO MÁS CÉLEBRE DE LA LITERATURA

Con la ayuda de su inteligencia, de su habilidad, la esperanza y su conciencia, logró Robinson Crusoe sobrevivir veintiocho años en una isla deshabitada en las costas de América.

Recién publicado el libro, se pensó que se trataba únicamente de un relato de aventuras de un hombre abandonado a su suerte, pero pronto el entusiasmado público lector se dio cuenta de que estaba frente a toda una filosofía: el "hombre ejemplo" de la civilización y del progreso, luchando solo, guiado únicamente por la misericordia divina y la bondad humana.

Robinson no era una simple creación novelesca, sino un personaje simbólico impregnado de la filosofía optimista de Rousseau, que soportó la soledad con resignación, inventando cosas para vivir y educando a Viernes cuando este llegó por azar a su vida, hasta ser rescatado también en forma accidental.

El filósofo Jean-Jacques Rousseau decía que todos somos buenos, casi ángeles al nacer, y es la vida y sus circunstancias las que nos vuelven ruines y, en ocasiones, villanos.

Contrario a lo anterior, William Golding, Premio Nobel de Literatura, dice que el hombre nace malo, con todos los vicios en estado latente, y solo espera la oportunidad de dar rienda suelta a los demonios que llevamos dentro.

Esta teoría, verdaderamente deprimente, la despliega en su obra maestra El señor de las moscas.

Por otro lado, el dramaturgo Eugene O'Neill aplica su eclecticismo al afirmar que el hombre no nace ni bueno ni malo; es más bien un simple juguete de la fatalidad o predeterminación, la ciega fuerza que los griegos llamaban eimarmene o ananké, que mueve en los hombres los hilos y los arrastra a su inexorable destino, del que no podemos escapar porque los humanos nacemos signados para la felicidad o la caída.

La idea de escribir esta obra maestra de la literatura, que constituye una profunda reflexión sobre el ser humano, la tomó Defoe de un hecho real.

En 1703 salió de Inglaterra un galeón llamado Cinque Ports con sesenta y tres hombres a bordo, ávidos de aventura. Entre ellos, un escocés llamado Alexander Selkirk, hombre huraño que no gozaba de la simpatía de nadie.

Un día se suscitó una acalorada pelea entre el extraño sujeto y los marinos; entonces estos decidieron abandonarlo en una isla desierta en medio del Pacífico, aproximadamente a unos 700 kilómetros de Chile, con un fusil y unas cuantas provisiones.

Cinco años después, y por pura casualidad, un barco que ancló junto a la isla encontró al escocés rodeado de comodidades, ingeniosamente ideadas por él, muy alegre y con suficientes alimentos.

La leyenda de Selkirk llegó a oídos de Daniel Defoe hasta dieciséis años después. Para entonces, el escritor era un incansable autor de sátiras políticas, folletos, ensayos y artículos, pero todo lo dejó para dedicarse a tiempo completo a escribir la novela de Robinson Crusoe, con la que labró su propia inmortalidad.

Debido al éxito que obtuvo el libro, Defoe publicó una segunda parte intitulada Las aventuras ulteriores de Robinson Crusoe, en la que el héroe regresaba años después a su isla ya civilizada, dispuesto a emprender nuevas aventuras.

Al escribir Robinson Crusoe, Daniel Defoe hizo de la peripecia del náufrago Alexander Selkirk una obra maestra de la literatura, que constituye asimismo una profunda reflexión sobre el ser humano.

Luego surgen otros libros, entre ellos Moll Flanders, considerada la primera novela social de la literatura inglesa, en la que narra la vida de una prostituta y ladrona en forma brutal y descarada.

Le siguió El diario del año de la peste (la muerte negra), que causó gran mortandad en Francia. Este libro ha sido una investigación profunda de los hechos, un reportaje periodístico de primerísima calidad. Para informarse, Defoe leyó antiguos documentos y entrevistó a los ancianos supervivientes, logrando completar un acabado crudo y realista de lo que ocurre en una ciudad atacada por la enfermedad.

Daniel Defoe murió a los 71 años en su casa de las cercanías de Londres, inmortalizado por su héroe literario, Robinson Crusoe, el hombre más solitario del mundo y el náufrago más célebre de la historia.

IVÁN EL TERRIBLE

La historia lo considera como uno de los zares más odiados, pero también, curiosamente, el más amado por los pobladores de ese vastísimo imperio que ocupa una sexta parte de la superficie terrestre.

Él logró consolidar el absolutismo zarista en Rusia.

El pasatiempo favorito del niño de tres años, Iván Grozny, conocido como "El Terrible", consistía en arrojar gatos desde lo alto de la muralla del Kremlin y observar luego los despojos de los animales destrozados.

Moscú era el centro de la vida de un niño paranoico, proclamado rey a los tres años de edad. A los 13 comenzó a asesinar a los jóvenes nobles que supuestamente lo humillaban o se burlaban de él.

A los 17 años se casó con la bellísima Anastasia Romanov, quien fue escogida como esposa de Iván mediante una selección efectuada en el Kremlin de Moscú, entre todas las jóvenes nobles en edad de casarse.

Con ella encontró la felicidad suprema, hasta que fue envenenada.

Según estudios realizados sobre la personalidad del "rey loco", fue después de ese episodio cuando se desató en el joven zar "la cólera furiosa del tirano resentido".

Volvió su mirada hacia los odiados boyardos y de inmediato comenzó la más cruel y despiadada carnicería jamás conocida.

La matanza duró siete años. El zar era aficionado al odio y a los libros. Leía vorazmente, como todo ruso.

Fue el primer monarca ruso en adoptar el título de zar, y su reinado duró casi cuarenta años, el más largo de los zares rusos.

El libro Iván el Terrible, según su autor, no trata de juzgar a Iván, salvo dentro del marco del siglo XVI y el torrente de la historia de su país.

Se trata de las monstruosidades más horribles que haya cometido un gobernante en contra de su pueblo y que, con todo, fue un hombre de considerable capacidad y, sobre todo, un estadista de primerísima categoría que nunca será olvidado.

LOS AMORES DE ERNEST HEMINGWAY

De tormentosa puede considerarse la vida amorosa de Ernest Hemingway, cuya obra literaria llegó a su fin cuando, a los 62 años, y en su propiedad de Ketchum, Idaho, decidió pegarse un tiro.

El domingo 2 de julio de 1962 por la mañana, se levantó muy temprano mientras Mary, su cuarta esposa, aún dormía. Buscó la llave que guardaba las armas, escogió una escopeta de dos cañones, se la puso en la frente y apretó el gatillo. El ruido despertó a toda la casa.

Su primer amor fue Agnes, la de Adiós a las armas.

La obra Adiós a las armas, cuyo título en inglés A Farewell to Arms alude a una doble despedida —de las armas y del amor—, ya que la palabra arms significa ambas cosas: armas y brazos.

Ese amor se llamaba Agnes Hannah von Kurowsky, una enfermera norteamericana extremadamente bella, de cabello oscuro, oriunda de Washington D.C.

Ella correspondió a ese amor desesperado, pero considerando la diferencia de edades —ella de más de treinta años y Hemingway aún no cumplía los 20—, lo abandonó.

Fue a fines de octubre de 1916 cuando sobrevino el hundimiento del frente italiano ante la ofensiva austroalemana, conocido como el Desastre de Caporetto. Fue más o menos en este tiempo cuando la enfermera cuidó durante su convalecencia al escritor en un hospital de Milán.

Cuando Agnes fue destinada a Padua, Hemingway la fue a ver, empeñado en casarse con ella, pero la boda no resultó.

Tanto debió afectarle este amor loco que, años después, aquella Agnes se convertiría en la Catherine de Adiós a las armas.

A los veintiún años de edad conoció a Elizabeth Hadley Richardson, de quien se enamoró y fue correspondido.

El noviazgo resultó en boda y ambos, con muy poco dinero pero con grandes ilusiones, se fueron a vivir a París, donde el escritor conoció a sus grandes amigos Dos Passos, Fitzgerald y Ezra Pound.

Visitó también España, país que lo emocionó hasta las lágrimas. Todo lo español lo deslumbraba, incluyendo los toros. Idolatró al torero Nicanor Villalta, tanto así que a su primer hijo lo bautizó con el nombre de John Hadley Nicanor Hemingway.

Elizabeth, a quien él llamó siempre Hadley, fue eventualmente repudiada por el escritor, quien se había enamorado de una joven editora de modas de la revista Vogue, que se llamaba Pauline Pfeiffer.

Hemingway le comunicó a su esposa que estaba enamorado de Pauline y que quería el divorcio, pero que antes se darían una tregua de 100 días (él y Pauline) para ver si en realidad se amaban.

La joven voló a Estados Unidos para cumplir el plazo. Hemingway se fue a vivir solo en su apartamento de París, no sin antes comunicarle a su esposa que él era un hijo de puta.

Perseguido por la culpabilidad y el remordimiento, lloró amargamente cuando tuvo que decirle adiós a su hijo, a quien amaba entrañablemente.

Para paliar un poco su dolor, decidió que la esposa recibiera todos los derechos de las ediciones norteamericanas y británicas de la novela The Sun Also Rises (Fiesta en español).

Pauline estaba embarazada y, tal como lo hizo la primera esposa, quiso tener a su hijo en Estados Unidos.

John Dos Passos, gran amigo del matrimonio, sugirió Cayo Hueso, en La Florida, y hacia allá se dirigieron, convirtiéndose el escritor en un apasionado del mar y experto pescador.

Al niño lo bautizaron con el nombre de Patrick, pero él ya no sentía el encanto de la paternidad, y esto se agravó cuando le fue comunicado que su padre, Edward Hemingway, se había matado de un tiro.

Hemingway estaba en contra del suicidio. Decía que no importaba cuán grande fuera el dolor o la pena, que la elegancia debía mantenerse siempre en el sufrimiento, no importaba cuán agobiante fuera este. Se avergonzaba amargamente de lo que su padre había hecho.

Hemingway tenía entonces treinta y dos años. Sus obras eran best sellers, pero para él fue el comienzo del calvario. Su obsesión: la muerte; su tema recurrente: el fracaso.

Él decía que todos sus héroes eran unos derrotados que hacían frente a la adversidad con una entereza estoica, que daba sentido y dignidad al malogro de sus vidas.

Para empezar la hazaña, Hemingway bebía a diario por lo menos tres botellas de vino, luego los daiquiris, whisky en abundancia, tequila y martini sin vermut.

Cayo Hueso se convirtió en su hogar. Era una isla calurosa y húmeda, refrescada por el Atlántico, en donde los bares eran baratos.

Había uno parecido al famoso Sloppy Joe's de La Habana que le llamaba poderosamente la atención, pero por el momento, Cayo Hueso y la vieja casa de piedra que el tío de Pauline les dio como regalo de boda eran un lugar casi perfecto para él.

Años después, a la muerte de Pauline, Hemingway quedó de dueño de la casa. "Ella murió como cualquiera", dijo, en respuesta a la pregunta de Tennessee Williams sobre cómo murió. "Y después de eso estuvo muerta".

SU MEDALLA DE ORO NOBEL LA DONÓ A LA VIRGEN DEL COBRE, PATRONA DE CUBA

Aburrido del mar, se fue con Pauline a cazar leones al África. Una vez terminada su excursión africana, regresan a Cayo Hueso y comienza Muerte en la tarde y Las nieves del Kilimanjaro, llevada a la pantalla en 1952 con Gregory Peck, Susan Hayward y Ava Gardner.

Ya considerado como un gran escritor y magnífico pescador, Hemingway se convirtió en una de las atracciones turísticas de Cayo Hueso.

Un mes de diciembre de 1936 se encontraba bebiendo en Sloppy Joe's, sucio, con pantalones cortos y harapientos. De pronto entraron al bar dos señoras elegantes y atractivas, madre e hija. La señora se presentó como Edna Fischel Gellhorn, viuda de un ginecólogo austriaco, y su hija Martha.

Martha se había educado en Bryn Mawr y había publicado una novela y un libro de relatos. Ambos, pues, tenían algo en común.

Para ese tiempo había estallado la Guerra Española y el escritor consideró que era su deber ir a España.

La madre regresó al norte, pero Martha se quedó en Cayo Hueso. Luego, cuando por fin partió, Hemingway dijo que él también tenía que ir a Nueva York. Ellos se vieron, y Pauline adivinó que iba a ocurrir exactamente lo mismo que ella había hecho diez años atrás.

Después de cuatro años de ausencia, Pauline le da el divorcio y Hemingway se casó discretamente con Martha, quien llamó este intervalo amoroso "el dulce pecado".

La casa de Cayo Hueso sería de Pauline, y él y Martha se instalarían hasta casi el final de su vida en Finca Vigía, localizada en

San Francisco de Paula, Cuba. Martha iba a ser la primera dueña, aunque no la última.

Martha le demostró casi desde un principio el desprecio que sentía por él, a quien llamaba borracho que se lavaba muy poco.

Cuando Estados Unidos entró en la guerra, ambos se fueron a Europa en calidad de corresponsales de guerra. Fue en Londres donde el escritor sufrió un accidente automovilístico. Una vez internado en una clínica, la despiadada Martha llegó y se burló de él.

Hemingway supo entonces que su tercer matrimonio había terminado.

Mary Welsh era una periodista casada con un corresponsal del Daily Mail. Ella llegó a amarlo a pesar de su carácter irascible, sus continuos pleitos con los que antes fueron sus buenos amigos, su mal comportamiento y los continuados escándalos públicos que propiciaba en los bares londinenses. Un buen día, y a pesar de todo, se casó con él.

Apunta Anthony Burgess en su biografía Hemingway, de la cual hemos traído estos datos, que la finca donde vivían estaba conformada por trece hectáreas de jardines, huertas, pasos para vacas, frutales y un enorme árbol de ceiba que rodeaba la casa blanca del escritor y Mary.

Había además treinta gatos, tres jardineros, un criado, un chófer, un cocinero chino, un carpintero, dos doncellas y un hombre que cuidaba los gallos de pelea, y tres perros, incluyendo uno llamado Black Dog, que se echaba a los pies de su amo mientras escribía.

Incansable viajero, decidió recorrer de nuevo Europa, en donde conoció a Adriana Ivancich, una joven de 19 años.

Mary se alarmó, pero luego comprendió que era únicamente un deseo de "juventud inalcanzable".

Adriana habría de convertirse luego en la Renata de su obra A través del río y entre los árboles.

De regreso a Finca Vigía, y cuando los editores creyeron que estaba acabado, apareció el pequeño gran libro El viejo y el mar, de un éxito increíble y que aún permanece en la lista de los mejores y más apasionantes libros.

Adriana dibujó la carátula. Batista, a quien el escritor no apreciaba mucho, le concedió una medalla y, en Estados Unidos, el Premio Pulitzer.

La noticia de que había recibido el Premio Nobel de Literatura no le entusiasmó mayor cosa.

Agradeció el cheque de treinta y cinco mil dólares, pero no fue a la entrega del premio, pues según palabras suyas, era inconcebible que él, que no tenía ni para comprarse un cambio de ropa interior, iba a gastar en un smoking solo para ir a darle la mano al rey de Suecia.

El embajador de Estados Unidos fue el encargado de leer su discurso de aceptación, el que se considera como muy elegante y muy bien pensado.

La medalla de oro del Premio Nobel, apunta Burgess, consideró dársela a su gran amigo Ezra Pound, que se merecía todas las medallas literarias que nunca fueron acuñadas, pero finalmente hizo donación de ella a la capilla de la Virgen del Cobre, patrona de Cuba.

Los años han pasado, pero siempre hay apasionados de la obra del norteamericano que solía decir que "el que muere este año se libera del próximo".

Sorpresivamente, siempre surge algo nuevo cuando se creía saberse todo sobre él.

Su misión fue la de comunicar la belleza, la emoción, el riesgo y el desengaño. Su temática: aceptar la muerte dignamente, sin aspavientos, reproches ni quejas.

Su filosofía: aguantarse, no darse nunca por vencido y, aunque él parece haber flaqueado, no fue así, porque sabía que su obra ya estaba asegurada, y eso, para él, constituía ya su victoria.

LA CIUDAD Y LOS PERROS

Poco antes de que asumiera el poder del gobierno democrático del presidente Fernando Belaunde Terry del Perú, en 1980, la novela La ciudad y los perros, que es una dura crítica a la dictadura, fue quemada por el ejército del gobierno militar de entonces.

Mario Vargas Llosa, el primer escritor latinoamericano que logró romper la hostilidad de los editores internacionales con esta obra, considerada como la mejor lograda, se convirtió en una celebridad, hasta colocarse airosa y vigorizante entre los best sellers del momento.

El libro es una novela moral. La ciudad es Lima, Perú, y los "perros" (término despectivo) se refiere a los nuevos alumnos del Leoncio Prado, una escuela militar en donde la mayor parte de la acción tiene lugar.

Sin embargo, la narración retrospectiva lleva al lector a descubrir el pasado de algunos cadetes.

"El Jaguar", tipo fuerte, brutal e intrépido, es el líder de un grupo selecto que, desde sus días de perro, protegía a sus compañeros de las brutalidades de los cadetes de último año.

La segunda parte del libro se refiere al asesinato del cadete "El Esclavo". Los coroneles del Leoncio Prado quieren ocultar el crimen haciendo creer que se trata de un accidente.

Alguien pretende investigar, pero poco a poco es pasado a los archivos privados de la institución para evitar el escándalo.

La ciudad y los perros, según John S. Brushwood en su libro La novela hispanoamericana del siglo XX, es completamente moderna en su técnica narrativa, en donde las acciones de los cadetes se expanden para incluirlos en la sociedad total, en una escena básica, limitada, algo semejante a los escritores intimistas que se salen de una situación limitada para desafiar los valores de un segmento más amplio de la sociedad.

LA ILÍADA

Durante nueve años, el divino Héctor defendió la ciudad que decidió el destino de Troya.

El choque supremo llegó a su término cuando Aquiles, con la ayuda de su madre Tetis y la protección de Afrodita, lanzó la tremenda lanza que habría de terminar con la vida del más ilustre y fuerte de los troyanos.

Héctor quedó tendido en el suelo, mientras que su madre, la reina Hécuba; su padre, el rey Príamo; su esposa Andrómaca, y el pequeño hijo (el único niño que menciona Homero, demostrando así la predilección del poeta por Héctor y sus padres) veían horrorizados cómo el iracundo Aquiles ataba a su carro por los pies el cadáver de Héctor y lo arrastraba implacablemente a través de una nube de polvo.

Nunca como aquel día los troyanos tuvieron que lamentar la locura del príncipe París, que por una bellísima mujer, Helena, los había arrastrado a aquella guerra ruinosa.

Por generaciones La Ilíada ha despertado admiración como el mejor logro del ingenio humano.

Si bien la Biblia ha sido considerada como el Libro Total, La Ilíada es la obra más admirable que conoce la literatura, porque su grandeza no tiene rival ni límite; tanto así que, por generaciones, ha despertado admiración como el mejor logro del ingenio humano.

Su lectura, análisis y estudio son requisito obligatorio en todas las universidades del mundo. "En el arte y sólo en el arte descansa la gloria."

La Ilíada es un episodio de la guerra de Troya, en donde, en un marco estrecho y en muy poco tiempo, el poeta hace entrar la civilización entera de aquellos tiempos, y desarrolla, por medio del arte, la idea filosófica de que la ira pierde y el amor salva, todo dentro de un soberbio panorama.

EL FESTÍN DE LOS DIOSES, EL OLIMPO Y LA MANZANA DE LA DISCORDIA

En la inmensa y refulgente morada del Olimpo se desarrollaba un festín para celebrar la boda de la diosa Tetis con Peleo, de cuyo matrimonio nacería después el iracundo Aquiles. Recostados en lechos dorados, los inmortales bebían el néctar de la juventud.

Todos estaban ahí. En el aspecto físico se diferenciaban de los hombres por su espléndida belleza y eterna juventud, por su estatura; por lo demás, poseían todas las pasiones de los hombres: el amor y el odio, la ira y la envidia; eran a veces crueles y magnánimos.

Sus días transcurrían alegremente, pero todos estaban sometidos a un poder superior: el Destino, hijo del Caos y de la Noche, a quien ni Zeus podía oponerse.

CONCURSO DE BELLEZA

Al convite no había sido invitada una diosa que pecaba de intrigante, mentirosa y muy dada a la maledicencia. De pronto se presentó extrayendo de entre su túnica una manzana de oro y la arrojó sobre la mesa exclamando:

"He aquí mi regalo." La diosa de la discordia se retiró.

Tres diosas se disputaron la manzana, ya que se consideraban las más bellas: Palas (Minerva), Hera (Juno) y Afrodita (Venus).

Zeus sonrió, y al ver la turbación de las diosas, dijo que la decisión la dejaran al buen juicio de un árbitro que fuera de su agrado.

Las tres rivales escogieron al más hermoso de los mortales: el príncipe París de Troya, hijo de Príamo y Hécuba, y hermano menor de Héctor.

Un oráculo había pronosticado que el bello París sería la ruina de Troya.

LOS SOBORNOS DE LAS DIOSAS

París recibió la manzana de oro, al tiempo que, secretamente, la diosa Minerva le prometía sabiduría si era ella la escogida; Juno, el poder; y Afrodita —la rosada diosa que naciera de la espuma del mar—, a la más bella mujer del mundo. París decidió dar la manzana a esta última.

EL RAPTO DE HELENA Y LA GUERRA

París llegó a Esparta, una ciudad pequeña de Grecia en donde reinaba el menor de los Átridas, el príncipe Menelao, hijo de Atreo y hermano del próspero rey de Micenas, Agamenón.

"Yo soy el príncipe París —dijo—, hijo de Príamo, rey de Troya, y solicito albergue para mis hombres y mis caballos."

El Átrida atendió la solicitud y los recibió con los brazos abiertos, pero al ver a Helena, París supo que esa era la mujer que Afrodita le había prometido. De inmediato Helena le correspondió, y esa misma noche, mientras la mansión real se hallaba sumida en el silencio, huyó con el amante dejando tras de sí al esposo, a su pequeña hija y a todo un pueblo que poco más tarde pagaría con su vida la infidelidad de la bella Átrida.

Un navío cretense transportó el codiciado botín y, para mayor vergüenza, París robó también todo lo valioso que había en el palacio del amigo.

MÁS DE MIL NAVÍOS AL RESCATE DE LA MUJER DEL BELLO ROSTRO

Aquel ultraje hizo que se reunieran en el palacio de Menelao todos los grandes de Grecia y sus reyes: el de Micenas, Salamina e Ítaca.

Se formó una armada de mil ciento ochenta y seis navíos con ciento veinte mil hombres, dispuestos a vengar la afrenta infligida a Menelao y a toda Grecia.

Se hicieron a la mar y, al pisar tierra troyana, se fueron encima de un atribulado ejército comandado por el valiente Héctor, que tuvo que batirse en retirada y refugiarse tras el seguro baluarte de las murallas.

Así comenzó el prolongado sitio de Troya, que durará cerca de diez años.

EL POETA CONTEMPLA EL INMENSO ESPECTÁCULO

Homero contempla el inmenso espectáculo con ardiente corazón, luminosa mirada y mente serena. Los dioses han tomado partido y se han dividido en dos bandos, luciendo mezquinos, pequeños y traidores.

Homero traza con indelebles líneas las figuras de los hombres y de los dioses que ve pasar, y con sencillez narra, pues es lo único que hace: narrar.

Los combates los pinta de una manera mágica, arrancando de cada héroe que cae un gemido.

Las divinidades protectoras de los pueblos ya mezclados en la contienda permiten a Homero presentar en escena al Olimpo entero: el horizonte se dilata rápidamente y enormemente; el interés crece, el entusiasmo sube con rapidez, suceden los hechos; resuenan doquiera, y hasta el fin, un contingente y grandioso rasgar de tierras y cielos. Todo es sublimidad, movimiento y vida.

Esta es una de las más exactas apreciaciones que se han concebido sobre el estudio de La Ilíada y que figura en las bibliotecas clásicas del orbe.

El crítico G. H. Junneman, autor del minucioso estudio en mención, habla sobre los defectos y bellezas de la obra así:

DEFECTOS DE LA ILÍADA, PERO NECESARIOS PARA SU MEJOR COMPRENSIÓN

Los defectos que presenta La Ilíada, según el estudioso Junneman, son de talla menor; entre ellos, la repetición ora de los calificativos poéticos, ora de frases.

Humanizados están en La Ilíada los dioses, y más que nadie, Júpiter y Juno. Dos veces únicamente se presentan sublimes, con sublimidad ciertamente divina.

Homero pinta más grandes, moralmente, a los hombres que a los dioses. Más grande Héctor que el dios Júpiter; Andrómaca que Juno.

Los dioses se muestran grandes en poder, pero pequeñísimos en corazón; pequeños con los hombres, más pequeños entre sí, grotescos e indignos.

BELLEZAS DE LA ILÍADA

Homero canta las glorias del vencedor y llora por el vencido.

Hay en el poeta dos predilecciones: las de las armas y las del corazón. Aquella está visiblemente por los griegos, la otra por los troyanos.

Es una inmensa tragedia la de Ilión. Su héroe trágico, amable, ideal no es Aquiles, sino Héctor, víctima inocente de la traición de su hermano y de Helena.

Semidiós Aquiles, no raya tan alto como Héctor, un simple mortal; pero mortal de un corazón que fascina. Grande se presenta doquiera, muy grande al dar el adiós postrero a su mujer; mayor combatiente, incomparable yaciendo cadáver.

La figura femenina por excelencia no es tampoco la deiforme Helena, ni lo son las diosas, ni la misma Venus herida en la batalla, ni Minerva; lo es Andrómaca, desde su adiós desgarrador a su esposo Héctor hasta que ve arrastrando su cuerpo en la escena trágica.

HOMERO Y SU ELEVADO CONCEPTO DE LA MORAL

El poeta, a quien en un tiempo se le negó la existencia, da a conocer a través de esta inmensa epopeya la religiosidad de su alma, su nobleza y el alto concepto de la moral.

Para Homero, la fidelidad conyugal es lo más importante. Una vez rota la promesa de amor, el castigo viene inmisericordemente, sin tregua ni escape, arrastrando víctimas inocentes: hijos, padres y pueblos.

Cuenta el poeta que ni el propio Escamandro, dios del río que elevara la altura de sus olas en defensa de Troya, pudo poner dique a la cólera del heleno, y un terror desconocido se posesionó de Héctor, el gran hijo de Príamo.

Aquiles voló al campo de batalla, mató a Héctor y colmó de duelo e infortunio a Troya; y mientras ardía en la pira el cadáver del campeón y lloraba Dardania, el poeta enmudecía y colgaba su divino plectro…

MEMENTO MORI

El tema de la vejez es apasionante, y aún más cuando hay amor de por medio; tal es el caso de Fermina Daza y Florentino Ariza de El amor en los tiempos del cólera, ambos arriba de los setenta años; Susana San Juan y Pedro Páramo, ella de 62 años y él unos cuantos más, y el amor del anciano por la madre muerta de Meursault, en El extranjero de Albert Camus, frisando los ochenta.

Pero si alguna obra señala los sentimientos de los cuerpos viejos con mentes serenas y lúcidas, es Memento Mori, novela clásica de la escritora escocesa Muriel Spark, la cual está llena de gran atractivo y plena de "humor negro".

El personaje principal es Charmian Colston, o por lo menos uno de los más brillantes y emotivos. Tiene 86 años y es una escritora de cierto renombre.

Su cuñada, Dame Lettie Colston, fue la primera del grupo de ancianos amigos y parientes entre sí en recibir la llamada anónima vía teléfono que decía: "Recuerde que debe morir".

La policía es advertida; sin embargo, la voz sigue llamando a los ancianos, inquietándolos a tal grado que caen víctimas de la macabra intriga.

El "recuerde que debe morir" se convierte en obsesión. La trama es fascinante. Al principio creyeron que se trataba de un maniático, pero a medida que se va resolviendo el asunto, se dan cuenta de que es la misma muerte quien hace las llamadas.

Sobre el eterno tema, dice la señorita Taylor: "Tener más de sesenta años es como estar en la guerra. Todos nuestros amigos están desapareciendo o ya murieron, y nosotros sobrevivimos entre los muertos y los moribundos, como si estuviéramos en un campo de batalla."

LOS GITANOS, VAGABUNDOS DEL MUNDO

Una aureola de magia cobija a los vagabundos del mundo: los gitanos. Ese misterioso andar por todos los caminos desde 1410, que es cuando los recoge la historia, no deja lugar a dudas de que tuvo que haber sido una catástrofe de enormes proporciones la que les robó su tierra.

¿Qué fuerza interna les ha permitido sobrevivir a toda tentativa de exterminio? ¿Por qué se hacen llamar bohemios cuando están en Francia; zíngaros o zingali en Rusia; egipcianos, húngaros, gipsies y gitanos?

La historia es larga y muy triste, de ahí la melancolía, casi patológica, que los abate. Su nostálgica vida es regida por las estrellas y su destino, bueno o malo, nace con ellos.

FUERON 300 LOS PRIMEROS

A comienzos del siglo XII salieron los zíngaros de la India y, desde los Balcanes, se extendieron por toda Europa.

En el año 1417 aparecieron definitivamente en el Báltico, en Hansa del Mar. Era un grupo de unas 300 personas de grandes y expresivos ojos negros, piel muy blanca pero tostada por el sol, pelo largo y muy bello; eran esbeltos, inteligentes, sensuales y andrajosos.

En sus desvencijadas carretas traían sus calderos, sus niños y sus penas.

Su raza es la de los rommany. Decían descender de emperadores, reyes y príncipes, extrañados de su tierra por un castigo que les obligaba a vagar por el mundo.

Al principio se les creyó, pero muy pronto se supo la verdad.

Eran timadores, holgazanes, expertos en sobrevivencia y, sobre todo, detestaban todo aquello que no perteneciera a su raza.

La cacería de gitanos era despiadada y cruel, aún mucho más en Francia y España. Este último país condenaba a la horca a los hombres, y a las mujeres a ser degolladas si eran encontradas robando en los mercados, en muchas ocasiones siendo inocentes.

Esta brutal ordenanza partió del Palacio de los Reyes Católicos de España.

EL CANTE JONDO, SU HERENCIA

La tristeza del gitano no tiene fin. Y, por consiguiente, su arte tampoco. Y esa "penita" tan conocida a través de todo su glorioso arte es la síntesis de todas las melancolías que se refugian en el alma humana.

Nadie, ningún pueblo del mundo, podrá nunca conocer el significado de la pena cañí.

Quien más cerca estuvo de resumir la psicología de un pueblo ha sido Eça de Queiroz, el novelista lusitano que en La ilustre casa de Ramires habla de ese gusanito que se les atribuye a los portugueses con sus "saudades", y que bien puede aplicársele a los gitanos.

Las "penitas", como las "saudades", sin traducción en los romances, dice Eça de Queiroz, son esa especial nostalgia que mina de penas el corazón sin llegar jamás al hastío, al cansancio de vivir o a la desesperación.

El gitano y el portugués la sienten incrustada en las raíces de su alma como algo muy propio de lo que no pueden desembarazarse. Todo lo contrario: viven en sus "penitas" y se aferran a ellas como el místico a los dolorosos goces y trances de su amor a Dios.

La sienten mansa y calladamente, con cierto placer preñado de melancolía y ternura.

"Amar mucho y llorar más" es un aforismo que puede expresarse en cualquier idioma, pero que sólo en su dialecto, y a través de las saetas gitanas, encuentra su más ajustada expresión.

¡Qué penita tengo,
tó me sale mal;
hasta los pasitos que pa'lante doy
se me van p'atrás!

El gitano goza recordando los horizontes de todas las lejanas tierras que ha atravesado. Llora sus amores y se aferra a ellos con desbordes que jamás llegan al sufrimiento excesivo, al dolor sin esperanza de pérdida.

Lucha por ellos entre "penita, pena", pero no se da nunca por vencido:

¡Hanque toquen a rebato
las campanas del olvío,
en mí no s'apaga el fuego
que tu queré ha ensendío!

El gitano emplaza las "penas" con un sabor a esperanza que transforma milagrosamente las ausencias en una eterna presencia.

Él se fuga de la realidad y se esconde en las ilusiones... y sufre, sufre mucho por la humillación de los siglos y se avergüenza de su pobreza ante su pueblo, sobre todo cuando sus ingresos están en desventaja:

¡Mare mía de mi alma,
pero mío, qué vergüenza
que los gitanos se enteren
que tengo la fragua en venta!

EL CONGRESO MUNDIAL DE GITANOS EN 1987

Ese año, en el mes de mayo, tuvo lugar en Lérida, España, un Congreso Mundial Cañí, al que asistieron diez mil delegados representantes de numerosos países del mundo.

La mayoría fue alojada en tiendas de campaña del ejército español, en un campo abierto, y los demás fueron huéspedes de la comunidad local.

Juan de Dios Ramírez, un escritor gitano y español socialista, miembro del Parlamento Europeo (España tiene dos gitanos en el Parlamento), dijo a los delegados de los trece países —que incluían Francia, India, Rusia, EE. UU., Brasil y otros tantos de América Latina como de Europa— que un 75 por ciento de los 700 mil gitanos existentes no saben leer ni escribir.

Por otra parte, el asesor para Asuntos Gitanos del Ministerio del Interior de España, Juan Manuel Montoya, también gitano, les pidió reflexionar y evaluar los problemas del presente y las esperanzas del futuro.

También lanzó un mensaje positivo al mundo no gitano sobre estos bellos y exóticos nómadas que históricamente han sido objeto de estereotipos negativos y persecución.

En el amor, que es lo primordial en sus vidas, son inflexibles. El gitano no suplica y no da lugar a segundas oportunidades.

Y ha sido el cañí García Lorca quien, a través de esta hermosa pieza, corrobora este aserto:

> **Ni tú ni yo estamos**
> **en disposición**
> **de encontrarnos.**
> **Tú… por lo que ya sabes.**
> **¡Yo le he querido tanto!**
> **Sigue esa veredita.**
> **En las manos**
> **tengo los agujeros**
> **de los clavos.**
> **¿No ves cómo me estoy**
> **desangrando?**
> **No mires nunca atrás,**
> **vete despacio**
> **y reza, como yo,**
> **a San Cayetano,**
> **que ni tú ni yo estamos**
> **en disposición**
> **de encontrarnos.**

MOBY DICK

El relato parece sencillo, pero hay algo más detrás de cada palabra: el simbolismo y la alegoría son evidentes, tanto así que, al estudiar la obra "melvilliana", se ha llegado a la conclusión de que Moby Dick bien pudiera ser el pecado, el mal; el océano, la vida, y el capitán Ahab, la inconquistable alma del hombre.

En 1851 Melville publicó Moby Dick.

Jorge Luis Borges, pocos años antes de su muerte, dijo que era "la novela infinita que ha determinado su gloria; el relato que se agranda hasta el tamaño del cosmos...".

Fue el mar, precisamente, el que nutrió el genio de Herman Melville, ese genio que, a su vez, produjo la epopeya marinera de Moby Dick, considerada como el monumento supremo de la lengua inglesa.

El ballenero Pequod, comandado por el capitán Ahab, partió del puerto de Nantucket con la obsesión de destruir una ballena blanca, tan blanca que parecía sobrenatural: Moby Dick, quien años antes le había destrozado una pierna.

La ferocidad del cetáceo es conocida por todos, y también el juramento del amargado capitán de terminar con ella.

Desde los primeros capítulos de esta obra inmortal, Melville ha insistido en que Ahab es, al mismo tiempo, héroe y villano, que lleva a otros a su perdición.

Todo el libro, en consecuencia, es la búsqueda sin descanso de Moby Dick.

La caza de la ballena llegó a su fin; el extraño viaje terminó con la muerte de Moby Dick, no sin antes ésta, en su desesperada defensa, haber hundido el Pequod, pereciendo el capitán, sus tripulantes y el odio obsesionante que la ballena sentía hacia Ahab, el capitán del barco.

Esta novela ha sido catalogada como de un vigor extraordinario, llena de color, energía, dimensión grandiosa, con sus alternativas de agitación y calma, hasta la tirantez casi intolerable de la persecución de tres días de la ballena blanca y, a la postre, el inevitable desastre.

AMABA EL MAR CON PASIÓN INFINITA

"Amo a todos los hombres que se sumergen, a todo ejército de intelectuales que buscan el pensamiento y que han estado zambulléndose y volviendo a subir a la superficie con los ojos inyectados desde que comenzó el mundo."

OCTAVIO PAZ, PREMIO NOBEL DE LITERATURA 1990

La matanza de los 300 estudiantes en Tlatelolco, hace 22 años, fue crucial en la biografía de don Octavio Paz, quien el 10 de diciembre de 1990 recibió en Estocolmo, Suecia, el Premio Nobel de Literatura.

Fue en la Plaza de las Tres Culturas de Tlatelolco, en la Ciudad de México, un 2 de octubre de 1968, cuando el ejército mexicano disparó contra una población inerme, dando muerte a centenares de estudiantes que protestaban desde hacía dos meses contra el autoritarismo del régimen y exigían mayores libertades democráticas.

Don Octavio Paz, considerado como el creador de una de las obras más fecundas de la cultura de toda la civilización contemporánea, era entonces embajador de su país en Francia.

La noticia de la matanza, que le dio la vuelta al mundo, indignó en tal forma al poeta y ensayista, que interpuso su renuncia ante el gobierno de Gustavo Díaz Ordaz (1964-1970).

Fue firme en su determinación al declarar que estaba en total desacuerdo con la política de represión y que "nunca antes se mató a tanta gente inocente".

SU NACIMIENTO EN 1914

Don Octavio nació el 31 de marzo de 1914 y, gracias a la amplia biblioteca de su abuelo, entró desde muy niño en contacto con la literatura.

Su infancia transcurrió en Mixcoac, en una casona con jardín, pero, además de la biblioteca del amado abuelo, fue una tía quien lo inició en la cultura francesa y española.

Sus estudios fueron completos y sus viajes, llenos de ricas experiencias, conociendo a los grandes de la literatura. Entre ellos, Pablo Neruda, quien le sugirió ingresar al fascinante mundo de la diplomacia.

Don Octavio recibió el beneplácito, por más de 25 años, de todos los países en donde fue enviado para ostentar el cargo de embajador.

De España a Francia y de Francia a la India, que, según palabras propias, confiesa haber sido su revelación; culturas extrañas que posteriormente influyen en toda su obra.

Japón le fascina, y a su regreso a México, pone en escena un grupo experimental de teatro no moderno del malogrado Yukio Mishima.

En Nueva Delhi contrajo matrimonio con la francesa Marie José Tramini.

MARIO BENEDETTI EN CONTRA DEL PREMIO

Hace algún tiempo, Octavio Paz se autodenominó como un "izquierdista desilusionado". En aquel entonces, como ahora, rechazó las etiquetas de izquierda o derecha y se proclamó como un "demócrata": la democracia entendida como un respeto a las minorías y a los individuos, en contraposición de lo que calificó como la "abominable tiranía de la mayoría, por una parte; y de un individuo o un grupo, por la otra".

Esta forma de pensar le ha acarreado serias críticas de parte de varios intelectuales importantes de América; tal es el caso del uruguayo Mario Benedetti, quien ha atacado severamente la concesión del Premio Nobel, diciendo que, como poeta y ensayista, respeta a don Octavio, pero en cuanto a la política, está en total desacuerdo.

"Literariamente hay escritores más importantes que Octavio Paz", declaró Benedetti, para luego referirse al infortunado Congreso de Intelectuales, llevado a cabo en México: Siglo XX: La Experiencia de la Libertad, convocado por Paz y organizado por la revista Vuelta.

Este cónclave, continuó diciendo Benedetti, ha venido a reflejar el concepto que tiene Octavio Paz de los colegas latinoamericanos, al no invitar ni a Carlos Fuentes ni a Gabriel García Márquez, a quienes dijo ser apologistas de tiranos.

OCTAVIO PAZ CONTESTA

Ante las feroces críticas suscitadas a raíz del Congreso, y ya el poeta en Madrid, en donde fuera invitado para inaugurar los cursos de verano de la Universidad Complutense, en la localidad de El Escorial, dijo, refiriéndose a los países latinoamericanos, que estos empiezan a salir lentamente del atolladero.

"México es uno de ellos, y Chile también". El resto de América Latina tendrá que hacer un examen de conciencia, empezando por los gobernantes, los empresarios y, muy especialmente, los intelectuales.

"La función de los intelectuales en América Latina ha sido, en general, catastrófica. Los intelectuales detuvieron mucho el tiempo para rectificar. Cuando en Europa se desvaneció la ideología comunista y hubo esta gran bancarrota moral e intelectual, ellos se obstinaron en esas tesis anticuadas".

LO QUE DIJO LA ACADEMIA

Octavio Paz ha sido galardonado con el Nobel debido a "una apasionada obra literaria de amplios horizontes, moldeada por una inteligencia sensual y un humanismo íntegro... su propia identidad mexicana, y en su sentido más amplio latinoamericana, ha sido explorada decisivamente en El laberinto de la soledad".

La Academia tomó también nota especial del libro que sobre Sor Juana Inés de la Cruz publicara Paz en 1982.

"Esta poeta erudita y dramaturga, una dama de compañía que luego se hizo monja, es tema de un incisivo análisis frente al telón de fondo de la sociedad y la cultura de su tiempo", dijo la Academia.

SUS AMIGOS

"Tengo muchos amigos, y he perdido muchos. A Gabriel García Márquez como a Vargas Llosa los respeto. A Carlos Fuentes lo quise mucho", dijo el maestro, quien recibiera una bolsa de setecientos mil dólares y un valor moral que es compartido por toda la literatura latinoamericana.

MAJESTAD NEGRA

El libro gira en torno a la vida y personalidad del negro más poderoso del Nuevo Mundo: Enrique Cristóbal de Haití, que el dramaturgo norteamericano Eugene O'Neill ha convertido en una verdadera joya, contribuyendo en gran parte a darle a su teatro prestigio universal.

A su Majestad Negra, O'Neill lo llama El emperador Jones, el hombre elemental abandonado a sí mismo frente al mundo, para terminar de una forma brutal.

Sus diálogos son con las sombras y tenía un solo sueño: el de inyectar el orgullo y el heroísmo en su gente, similar, decía, al de los blancos, hasta elevarlos a la grandeza de que carecían.

J. W. Vandercook, autor de Majestad Negra, cuenta que, allá por 1795, toda la isla fue cedida a Francia, pero ya habían repercutido en dicha isla los sucesos revolucionarios de Francia: se había abolido la esclavitud, y, tras la fuga de los blancos, los negros se hallaban en franca sublevación y causaban grandes destrozos a la economía de la colonia.

Fue Toussaint Louverture, el admirable cochero negro, quien logró unir las posesiones españolas y francesas, y dominó los ejércitos que hicieron retroceder a los ingleses hasta el mar. Luego escogió a sus sucesores, Jean-Jacques Dessalines y Enrique Cristóbal, hombres esclavos un día y emperadores negros después, quienes fueron los forjadores de Haití.

Llegó el momento en que los hombres luchaban contra los negros y viceversa, pero Enrique Cristóbal luchaba, según cuenta la leyenda, contra los temores de su atavismo, todo el pánico religioso e infantil que siente el negro en las tinieblas, todos los mitos demoníacos que ascienden como una savia por su sangre desde la noche del pasado racial.

"Pero nunca alcanzó la grandeza que él deseaba, y solamente le quedaron dos cosas: la certeza de que su imperio haitiano se derrumbaba y una bala de oro con que poner fin a su azarosa existencia. Y lo hizo.

Durante generaciones, cuando se referían a él, no mencionaban su dignidad de rey, ni le llamaban majestad, ni tampoco Enrique: sencillamente, Cristóbal el Hombre."

MIGUEL ÁNGEL ASTURIAS

No hace mucho, Gabriel García Márquez dijo que el único personaje de importancia que ha dado la literatura hispanoamericana al mundo en los 500 años del reencuentro es el del dictador.

Si nos apegáramos rigurosamente a esta aseveración, llegaríamos a la conclusión de que la obra de Miguel Ángel Asturias, con todo y El señor presidente y Papa verde, es obsoleta.

Quizá si hubiera sido escrita por otra persona carente del virtuosismo de Asturias para revestir la realidad con mucho de fantasía, ensueño y poesía, sí estaríamos de acuerdo, pero el caso del guatemalteco —que, dicho sea de paso, era enemigo acérrimo de García Márquez, a quien llamó ladrón literario— no puede tomarse como tal.

Miguel Ángel Asturias nació en Guatemala el 19 de octubre de 1899 y murió en Madrid el 9 de junio de 1974. Fue escritor, periodista y diplomático que contribuyó al desarrollo de la literatura latinoamericana.

Miguel Ángel Asturias era un narrador, un escritor que, a través de su Viernes de Dolores, representa "la síntesis de lo esencial, lo político y lo mítico-folclórico en dimensión de realismo mágico".

"EL SEÑOR PRESIDENTE", SU PRIMERA NOVELA

El señor presidente es la novela más conocida de Asturias. El gran público la aceptó y lo lanzó a la fama, situándolo como "escritor comprometido".

Parece ser que ya para 1932 gran parte de la obra estaba terminada. Era un cuento largo intitulado Los mendigos políticos.

Era el relato del tirano Manuel Estrada Cabrera, quien había caído en 1920 después de gobernar Guatemala durante veintidós años.

La funesta visión del hombre vejador de vidas amargó al joven Asturias. En su gran libro plasmó la tristeza, el miedo, las penas, la injusticia y la sumisión de todo un pueblo que, resignado, se entrega a los caprichos del tirano.

Pocas páginas se refieren a la persona de Estrada Cabrera; más que todo, Asturias enfoca el destino y el milenario silencio de los hombres del afligido país.

TRILOGÍA BANANERA

Luego surge otro período, pero siempre girando en torno al tema social. Es una saga que ha sido llamada "Trilogía bananera", de la que forman parte Viento fuerte, El papa verde y Los ojos de los enterrados.

El tema se desarrolla a través de varias generaciones, a medida que el país va cayendo irremediablemente bajo el dominio económico de los Estados Unidos.

El final de la trilogía es semioptimista, ya que los trabajadores han logrado ciertas conquistas ante la empresa norteamericana.

Una nota autorizada apunta que, de no haber sido por el talento del escritor, quizá toda la obra hubiera corrido el peligro de permanecer como simples protestas políticas, como las escritas por Juan José Arévalo, Guillermo Toriello, Raúl Osegueda, Luis Cardoza y Aragón.

Pero su magia lo elevó de tal manera que, en 1967, recibió el Premio Nobel de Literatura.

Fue un año espléndido para toda América Latina. Europa y el resto del mundo llegaron a conocer la magnificencia hispanoamericana mediante títulos que hacían posible el acercamiento de costumbres y maneras de nuestros pueblos.

El señor presidente, su obra más conocida, narra la sumisa entrega de todo un pueblo ante los caprichos del tirano: Estrada Cabrera, que gobernó a los guatemaltecos veintidós años.

El crítico literario Jordi Estrada, miembro del staff de la Fundación Nobel, en su artículo intitulado "Una literatura en marcha", hace un repaso a los catálogos editoriales de 1967, mostrando la efervescencia creadora de las letras hispánicas "del otro lado del Atlántico".

¡Todo un linaje! Menciona, además de Asturias, a Gabriel García Márquez con Cien años de soledad y su relato breve Isabel viendo llover en Macondo; Cambio de piel de Carlos Fuentes, catalogado como un intento de novela total nacional; El garabato de Vicente Leñero, No hay tal lugar de Sergio Pitol, Paraíso de Lezama Lima, Tres tristes tigres de Guillermo Cabrera Infante, De dónde son los cantantes de Severo Sarduy, La barca de hielo de Eduardo Mallea y La vuelta al día en ochenta mundos de Julio Cortázar.

TOROTUMBO

Si bien es sabido que la poesía de Asturias (exceptuando Sien de alondra) no estuvo a la altura de un genio, sus obras teatrales sí lograron gran audiencia.

Para el caso, Torotumbo (Weekend in Guatemala), que es nada menos que una interpretación novelada de lo ocurrido en Guatemala en 1954, cuando el coronel Carlos Castillo Armas, respaldado por Estados Unidos, invadía —desde Honduras— el territorio chapín con un ejército de mercenarios y derrocaba al gobierno de Jacobo Árbenz.

El baile del Torotumbo, que fascinó a los europeos por su delirante colorido, es un relato completamente fantástico: "El pueblo subía a la conquista de las montañas al compás del Torotumbo. En la cabeza, las plumas que el huracán no domó. En los pies, las calzas que el terremoto no gastó. En sus ojos, ya no la sombra de la noche, sino la luz de un nuevo día."

Y finaliza Sardi así: "Sus novelas parecen situadas o contempladas desde un duermevela, en donde seres y cosas están humedecidas por los sueños. Y es que el conjunto de la obra de Asturias, con su arte de burbujas, con su palabra cristalizada por elementos decorativos que crean una dimensión de cromatismo sinfónico, puede considerarse como un único y extenso poema en el que el escritor ha cantado la glorificación mítica de Guatemala."

UN ESTUDIO SOBRE LA HIPOCRESÍA

El miedo, el amor, la ira y el deber son los cuatro gigantes que atenazan al hombre y hacen de su vida un perfecto drama.

De este temible cuarteto emana uno de los vicios humanos más encubiertos, pero admitidos, incluso en sociedad: la hipocresía, vicio difícil de descubrir porque el hipócrita nunca pelea de frente y su arma principal es el disimulo.

Sobre la hipocresía escribió, hace más de trescientos años en Francia, un hombre considerado como el mago de la comedia. Su nombre era Jean Baptiste Poquelin, mejor conocido en el mundo de las letras como Molière.

El hipócrita, o falso mentiroso, es siempre también envidioso. Todo esto fue expuesto para el resto de los siglos pasados, presentes y por venir, mediante una comedia de cinco actos llamada Tartufo.

EN LA CLASE MEDIA, EL HIPÓCRITA SE PRESENTA COMO UN CABALLERO

Pero, ¿cuántos jóvenes de hoy recuerdan a Molière? Probablemente muy pocos, exceptuando, claro está, a los intelectuales.

Sin embargo, la actitud del hombre —sobre todo si es un hombre joven con quien la hipocresía no congenia— encontrará resistencia y no logrará envenenar su vida.

Nicolás Cocaro (Grandes Firmas), en su artículo "Los hipócritas", dice, entre otras cosas, que a menudo, entre los integrantes de la clase media, el hipócrita suele presentarse como un caballero, como un señor.

Este "señor" aparece en el escenario de la vida con pulcritud, emplea un vocabulario seleccionado, aprendido, estudiado para cada ocasión, sin que la víctima se percate de que está fingiendo.

El hipócrita o tartufo —dice Cocaro— calcula las reacciones del adversario, finge indignarse ante el fanatismo racial, político o religioso, pero él sabe cómo practicarlo, incitando desde las sombras a los menos avisados, a los desprevenidos, a dividir para imperar…

Además, hay que reconocer que cuando se ayuda a un hipócrita, éste no sabe si quiere agradecer. Entonces, su encono, muy escondido, aumenta. Ha crecido el enemigo solapado detrás de una sonrisa envenenada.

Trata en público de disminuir los méritos del adversario para preservar y enriquecer su imagen dominadora, sin agresiones; y luego, en privado, se disculpará como un mágico tartufo y lo elogiará y halagará para luego someterlo otra vez a sus caprichos y a sus fines utilitarios.

El Tartufo fue puesto en escena en 1669 en Versalles, creando un escándalo de tal magnitud que se prohibió su exhibición en público y no pudo volver a presentarse hasta tres años después, mediante la autorización del rey Luis XIV.

Ya no le quedaba a Molière más que cuatro años de vida.

Lo que provocó el disgusto fue el retrato del hipócrita en las reuniones sociales. Es precisamente ahí donde el tartufo de antes, como el de nuestros días, no pierde el tiempo ocupándose de lo que no le ofrece ventajas, pues para el hipócrita, quien no le brinda ganancias es víctima de su desdén.

Molière se defendió diciendo que lo que él hacía era describir al hombre y la vida cotidiana que lo rodea.

LA TRAMA DEL "TARTUFO"

Orgon era un hombre muy rico, padre de dos hijos y casado en segundas nupcias con la bella Elmira.

Siempre que iba a la iglesia veía cómo, con gran fervor y humildad, el señor Tartufo besaba el suelo tras largas plegarias.

Orgon le tomó afecto y lo invitó para que compartiera su casa, sus bienes, honor y amistad.

Poco después de instalarse como otro miembro de la casa, el falso amigo fue imponiendo su voluntad a toda su familia.

Su tiranía, despotismo y crueldad los disimulaba con falsa humildad, daba consejos religiosos, podía incluso llegar al llanto, fingir timidez ante terceros para llevar luego, con su saña, sus planes hacia el éxito.

LOS HIPÓCRITAS QUE DAN CONSEJOS RELIGIOSOS

Sobre esas personas religiosas hipócritas que creen tener el derecho de condenar o absolver a los que consideran inaceptables en el cielo, solía expresarse así Molière:

"No existen para mí personas más dignas de veneración que los sinceramente devotos, ni nada más noble y hermoso que el santo fervor de la ardiente y verdadera fe religiosa. En cambio, no hay nada más odioso que la desvergüenza y el interés material disfrazado de religiosidad para medrar en la tierra a costa del cielo."

Todo iba bien para Tartufo hasta que la pasión por la esposa de su benefactor lo traicionara.

El hijo mayor le hace saber al padre sobre el proceder del falsario. Orgon se enfurece, pues no lo cree capaz de tal bajeza; echa al hijo de la casa y traspasa todos sus bienes a Tartufo.

Solamente Elmira conoce al hipócrita, pues únicamente ante ella se despoja de su máscara constante.

El vicio humano más difícil de detectar es la hipocresía porque nunca pelea de frente… su marco propicio son las reuniones sociales. El disimulo es el arma principal.

La buena esposa convence al marido de la falsedad del disimulador. Lo hace esconderse bajo una mesa, invita a Tartufo y, por medio de sus encantos, le hace repetir sus propuestas anteriores.

Orgon, desilusionado, le pide a Tartufo que se marche. El hipócrita ha hecho el peor de los ridículos, cosa que no perdona.

SE PUEDE SER PERVERSO, PERO NO SE QUIERE SER RIDÍCULO

Sobre el particular, he aquí otra de las sentencias de Molière:

"Nada corrige mejor a la mayoría de los hombres que la pintura de sus defectos. Constituye un gran ataque a los vicios exponerlos a la irrisión de todo el mundo, pues se soportan fácilmente las críticas, pero no se soporta la mofa.

Se puede ser perverso, pero no se quiere ser ridículo."

En el último acto de la comedia, Tartufo, basándose en el escrito de donación que anteriormente le había dado su benefactor, los ve amenazados con tener que abandonar la casa. Pero al final, el embaucador es descubierto y enviado a la cárcel.

MOLIÈRE TRATA LA CONDICIÓN DE LA MUJER

De trescientos y pico de años para acá, torrentes de libros, ensayos y estudios se han escrito sobre la obra "molieriana".

Sin embargo, fue Henri Martin, célebre historiador, el que ha hecho una observación que ningún crítico anteriormente había apuntado, no sobre esta obra particularísima sino abarcando La escuela de las mujeres, El enfermo imaginario, Don Juan, El casamiento forzoso, El misántropo, Las mujeres sabias, etc., al decir:

"Molière ha revolucionado profundamente la sociedad con sus ideas innovadoras, en particular las que conciernen a la condición de la mujer.

Las antiguas máximas judías y romanas acerca de la inferioridad y la sumisión de la mujer reciben un ataque por vía del ridículo y de la razón.

Una libertad verdadera, una igualdad digna, una auténtica sociedad en el matrimonio: tal es el ideal humano que el poeta propone.

Sin embargo, el feminismo de Molière no ha llegado hasta aprobar a las mujeres sabias. Tal vez no preveía entonces ilustres ejemplos como Madame Curie."

En la noche del 17 de febrero, al terminar la representación de El enfermo imaginario, Molière tuvo un vómito de sangre. Sus compañeros lo llevaron a su habitación, donde murió a las diez.

CUENTOS DE EVA LUNA

Se llamaba Belisa Crepusculario y su oficio era vender palabras en las ferias y en los mercados.

Por cinco centavos entregaba versos de memoria, por siete mejoraba la calidad de los sueños, por nueve escribía cartas de enamorados, por doce inventaba insultos para enemigos irreconocibles y por cincuenta regalaba una palabra secreta para espantar la melancolía.

Apenas cumplidos los 12 años, y después de haber enterrado a cuatro hermanos, decidió irse rumbo al mar "para ver si en el viaje lograba espantar la muerte".

Durante la marcha encontró muchas familias con sus pertenencias al hombro o en carretillas; muchas cayeron en el camino, pero nadie se detenía a ayudarles porque les hacía falta fuerza para la compasión.

Así comienza una de las veintidós narraciones breves de Cuentos de Eva Luna, de la chilena Isabel Allende.

Al llegar al final del viaje, la niña vio por casualidad la página deportiva de un periódico, preguntó qué era y, cuando le contestaron que eran palabras, su destino cambió.

Se enteró de que las palabras "andaban sueltas, sin dueño, y cualquiera con un poco de maña podía apoderárselas para comerciar con ellas".

Pensó que, en vez de prostituirse o hacer de sirvienta en casa de los ricos, prefería vender palabras.

Con veinte pesos pagó a un maestro que le enseñara a leer y escribir, y con el resto compró un diccionario que leyó de la A a la Z y luego lo lanzó al mar, "porque no era su intención estafar a los clientes con palabras envasadas".

Lo que sigue es lo más interesante y hermoso del cuento: la venta de dos palabras a un coronel de mirada carnívora que quería ser presidente. Solicitaba un discurso de Belisa Crepusculario, a base de pistola.

El desenlace es inesperado y de gran belleza literaria.

A pesar de su odio por el militar, Isabel Allende siente pena por el solitario e ignorante soldado latinoamericano que nadie entiende;

lo humaniza, le suaviza el alma y le alarga la mirada en busca del
amor.

LAS MEMORIAS DE ADRIANO, UNA JOYA LITERARIA

De extraordinaria recreación literaria puede considerarse la vida del emperador Adriano, responsable de dos décadas y media de paz, tranquilidad espiritual y cultural en la Roma antigua.

Dos mil años después, la francesa Marguerite Yourcenar, considerada como una de las escritoras más exquisitas del presente siglo, recoge en su libro Las memorias de Adriano los sentimientos apasionados de este hombre culto, filósofo, poeta, militar, jurista, pintor, médico, escultor y, más importante aún, un convencido de que la única forma de vivir es dentro de "una libertad tranquila".

Es a través de la biografía de la narradora Yourcenar que este helenista emperador dice:

"Como todo el mundo, sólo tengo a mi servicio tres medios para evaluar la existencia humana: el estudio de mí mismo, que es el más difícil y peligroso, pero también el más fecundo de los métodos; la observación de sus secretos, o hacernos creer que los tienen; y los logros, con los errores particulares de perspectiva que nacen entre sus líneas."

Este hombre barbado, a la usanza griega, prohibió los sacrificios humanos y las cárceles dedicadas a los esclavos.

"Sólo en un punto me siento superior a la mayoría de los hombres —dice Adriano por boca de Yourcenar—: soy a la vez más libre y más sumiso de lo que ellos se atreven a ser."

El emperador nació en la ciudad italiana de Adria, de donde tomó su nombre Adriano. A los 10 años quedó huérfano, bajo la tutela del futuro emperador Trajano.

Desde niño demostró una enorme inteligencia que orientó hacia las letras y las bellas artes helenas. Es por esto que era conocido como Graeculus, "el pequeño griego".

Adriano, hombre culto y refinado, arbitrario y sensible, sucedió a Trajano en el trono del Imperio romano y dio a este uno de sus momentos de mayor esplendor cultural y político.

Adriano odiaba la guerra. Él prefería otro tipo de valor: "aquel que se nutre de la independencia y permite aparecer ante el mundo con la ecuanimidad impasible de los dioses".

Sin embargo, emprendió una cacería cruel contra los judíos, dando cuenta de medio millón de vidas en una revuelta para sofocar el levantamiento violento contra su imperio.

Adriano amó con desesperación a un bello joven llamado Antínoo, al que le otorgó dones de divinidad tras su muerte prematura: "Su presencia era extremadamente silenciosa. Sólo una vez he sido amo absoluto; y lo fui de un solo ser."

Poco después fundó Antinópolis en honor de su amante muerto, el joven griego que ocupa un lugar señalado en la historia por su deslumbrante belleza.

Uno podría preguntarse por qué tanta importancia en la vida de este hombre que vivió tan lejos de nuestros años. La respuesta nos la proporciona el libro de la francesa.

Adriano, ese hombre de un ayer remoto, ofrece reflexiones, observaciones y pensamientos válidos para todos los días.

Cristina Martín, en un juicio intitulado "Adriano y Margarita (Yourcenar)", dice:

"Dudo que toda la filosofía de este mundo consiga suprimir la esclavitud; a lo sumo, le cambiarían de nombre. Soy capaz de imaginar servidumbres peores que las nuestras."

Luego menciona el fanatismo de entonces, las diferentes razas, el irrespeto a los cultos, la falta de sentido común, las guerras entre vecinos en tiempos de Adriano —que no podían vivir juntos— y que se repiten con los vecinos de hoy.

Todo sigue igual, nada ha cambiado.

¿Y qué decir de las pasiones desenfrenadas o tranquilas de Adriano?

Son las mismas. La melancolía del emperador la experimenta el hombre contemporáneo con el nombre de estrés.

Y los lazos familiares, si no los refuerza el afecto, son débiles. Al respecto, dice la autora que basta ver lo que ocurre entre las gentes cuando hay una herencia en litigio.

Y los males de hace más de dos mil años son los mismos que los de hoy: hay demasiados hombres vergonzosamente ricos y desesperadamente pobres...

Un inteligente reajuste económico del mundo y su humanidad solucionaría gran parte del malestar humano. De ahí que el ambiente del siglo II prevalezca cerca del XXI.

Si resumimos las conclusiones de Marguerite Yourcenar, la primera mujer aceptada en la Academia Francesa de la Lengua, que dedicó años a escudriñar la vida de Adriano, ella dice que la inteligencia del hombre de hoy, con sus máquinas exactas, computadoras y grandes inventos, ha quedado atrás de tantas maravillas, incluyendo las conquistas espaciales; su comportamiento como ser humano y sus pasiones son las mismas que las de aquel señor de hace dos mil años, con sus sueños, sus ansiedades, sus batallas y su mármol.

COMO AGUA PARA CHOCOLATE

Las mujeres solemos escribir triste —señaló Rosario Castellanos—, tanto la poesía como la novela son las de plañideras, cotidianidad que todo lo cubre con la grisura de su polvo.

Más o menos triste es Como agua para chocolate, de la mexicana Laura Esquivel.

La novela es desconcertante, en el sentido de que por primera vez he leído una obra de "entregas mensuales con recetas, amores y remedios caseros".

Se trata de una novela de amor con exageraciones y absurdos muy a lo garciamarquiano.

Tita, el personaje principal, nació en un charco de lágrimas que se desparramaron sobre la loseta roja del piso de la cocina y cuya sal rellenó un costal de cinco kilos que utilizaron para cocinar por bastante tiempo…

Pasan generaciones, como los Buendía de Cien años de soledad y los Truba de Isabel Allende, y mientras tanto los jóvenes iban relatando la vida de Tita, que nació llorando de antemano, pues parecía adivinar que en esta vida se le estaba negando el matrimonio.

En Como agua para chocolate se le rinde culto a la cocina como un arte. Laura Esquivel es una apasionada de la cocina y dice que cuando preparaba las recetas de su madre y de su abuela, recordaba muchos de sus sabores y colores, y entonces pensaba que sería interesante poder trasladar a la literatura ese mecanismo natural de la elaboración de un plato y, al mismo tiempo, narrar una historia de amor.

"Estoy convencida de que cada uno tiene su historia encerrada entre recetas.

En los eventos más importantes siempre ha estado presente una receta, sobre todo en los hechos familiares."

El éxito de este libro ha sido enorme, a tal grado que su próxima novela, La ley del amor, será protagonizada por Robert Redford en la pantalla grande.

También indica que, con su rápido ascenso, ha tenido lo mejor y lo peor.

"Todo te cae encima a lo bestia: elogios, críticas y la envidia. Creo que esta situación afectó mucho a Juan Rulfo, una persona muy sensible."

Agregó que: "Nuestros países son caníbales con los que tienen éxito. Es por eso que me fui de mi país. Ahora vivo en Nueva York, en donde no oigo ninguna calumnia, chisme ni maledicencia."

Ojo… ojo… —decía— aquí me quedé…

LA ORGÍA PERPETUA

En 277 páginas, Mario Vargas Llosa analiza a profundidad Madame Bovary, la primera novela moderna escrita por Gustave Flaubert y considerada como un clásico irrepetible de la literatura universal.

Sobre la malograda heroína, dice Vargas Llosa: solamente un puñado de personajes literarios han marcado su vida de manera más durable que buena parte de los seres de carne y hueso que ha conocido. Madame Bovary es una de ellas.

"La cara de Emma es como una imagen presentada en mil sueños, adivinada desde siempre; después de leerla por vez primera he tenido dos certidumbres: sabía qué clase de escritor me hubiera gustado ser y que, desde entonces y hasta la muerte, viviría enamorado de Emma Bovary."

El advenimiento al mundo literario de Madame Bovary, la mujer incomprendida de todos los tiempos, constituyó un acontecimiento que ejerce aún una extraordinaria influencia en el mundo entero.

Madame Bovary es un personaje tipo que la coloca entre los primeros, más vigorosos y monumentales jamás habidos en la literatura moderna.

En la página 245, con el subtítulo de "El nacimiento del antihéroe", Vargas Llosa dice: "Los románticos de entonces no hacían otra cosa que describir la belleza hasta el cansancio.

Para ellos lo bello es bello; los hechos son hermosos u horribles, atractivos o repelentes. En Madame Bovary todo es distinto porque corresponde a la existencia sin brillo, chata y triste de las cosas comunes."

En Madame Bovary lo que se acentúa es el reino de la mediocridad, el universo del hombre sin cualidades. Sólo por eso, la novela de Flaubert es considerada fundadora de la novela moderna, casi toda ella erigida en torno a la esmirriada silueta del antihéroe.

El derrumbe moral de Emma termina en suicidio, y no es sino hasta después de su muerte que el insípido doctor Flaubert se da cuenta de los devaneos de esta mujer a quien tanto amó.

LA CASA DE LOS ESPÍRITUS

Una mansión suramericana del siglo XIX es el templo en donde se desarrolla la vida, con sus tragedias, altibajos, decepciones, riquezas, alcurnias, injusticias, rencores, pasiones, celos, envidias e injurias, de tres generaciones de la familia Trueba.

Es la historia de Chile, centrada en fechas claves de ese país. La acción tiene lugar a mediados de la década del 20, en los años 60 y hasta 1973, en que el general Augusto Pinochet ocupa el poder tras un sangriento golpe de Estado, durante el cual el presidente Salvador Allende es asesinado.

Isabel Allende es la autora de esta obra, que ha sido llevada a la pantalla cinematográfica con un enorme éxito.

El mundo de La casa de los espíritus es totalmente femenino. Su personaje principal, para muchos el de Clara —que por 50 años anotó la vida en un cuaderno—, es incomparable.

También aparece Rosa, la bella. He aquí una similitud con Remedios la Bella, de García Márquez, en Cien años de soledad.

Otros personajes femeninos entran y salen de la narración con gran maestría, ya que Isabel Allende ha sabido, como los grandes, condensar el tiempo: muchos años en apenas una o dos páginas.

Esteban Trueba es el hombre que hace girar alrededor de su personalidad a las mujeres de su casa. Es fuerte, decidido y valiente, las tres virtudes que merecen la pena, según la autora.

En el transcurso de la novela se hace alusión a la muerte del poeta Pablo Neruda, suceso que fue tomado con cierta indiferencia por el gobierno militar de turno y que, hasta la fecha, aún desprecia Isabel Allende, ya que el general Pinochet fue el asesino de su tío, el entonces presidente Allende.

La dinastía de los Trueba, como la de los Buendía, no tiene espacio ni tiempo, porque todo se sucede dentro del marco de un pasado-presente, sin que el lector se dé cuenta de que entre un acontecimiento y otro han pasado quizá cincuenta años.

La casa de los espíritus fue la primera novela de la chilena Isabel Allende, seguida de su popularísima Eva Luna, De amor y de sombras, Cuentos de Eva Luna y Paula, que la sitúan dentro de la gama de narradores notables de América Latina.

MALONE MUERE

Ser solo no es lo mismo que sentirse solo. El solitario necesita tener a alguien cerca para abrazarlo, acariciarlo, sonreírle y seguir el coche fúnebre llorando.

Así pensaba el del número 162 en el pabellón de ancianos agonizantes.

Esta necesidad de cariño se ha convertido en asunto indispensable para poder sobrevivir. Necesitamos quien nos quiera, necesitamos amigos, alguien con quien hablar para no sentirnos sin voluntad y desconfiados.

Sobre el tema del viejo que sabe que va a morir, han escrito los más sobresalientes novelistas del presente siglo, incluyendo al recientemente fallecido Samuel Beckett, que con su obra Malone muere y Esperando a Godot, entre otros, acaparó la fama mundial que culminó con el reconocimiento de Suecia mediante el Premio Nobel de Literatura en 1969.

El escritor irlandés conduce al lector al pabellón de viejos, pero este no se percata de ello hasta muy entrada la lectura. Todo este tiempo, Malone se ha dedicado a contar historias, confundiéndose, olvidándose historias sin importancia sobre pobreza, aburrimiento, soledad, absurdos y silencio, en medio de una gélida indiferencia, según reseña autorizada de Giacomo Cattananoei, que, en resumidas cuentas, es la temática recurrente en casi toda la obra de Beckett.

Samuel Beckett es un autor difícil, comprometido en una renovación pragmática e incluso estilística, que pertenece a la cultura especializada, según los innumerables estudiosos de tan extensa obra, agregando que este escritor, que goza de inmenso respeto entre los intelectuales del mundo, logra tocar la conciencia del hombre de la calle.

Malone muere es parte de una trilogía, obras llenas de seres vivientes pero moribundos que quieren contar, mediante balbuceos, su vida, sus temores y sus frustraciones. Quieren hacerlo mediante el sentido exacto de las palabras, que si antes no eran importantes, hoy son lo único que los mantiene asociados al mundo que están a punto de abandonar.

La relación hombre-muerte ha motivado en la literatura un cúmulo de investigaciones sobre el tema, considerándose que La muerte de Iván Illich, de León Tolstói, es uno de los cuentos fundamentales de la narrativa mundial para reflexionar sobre la visión del moribundo, su aislamiento, la interpretación que este le da a los últimos instantes de su vida y la comprensión —sobre todo esta— de la finitud del hombre.

Sobre el mismo tema, y quizá con la misma grandeza del gran ruso, han escrito Muriel Spark (Memento Mori), Franz Kafka (La metamorfosis) y García Márquez (La tercera resignación), un cuento corto que aparece en su libro de brevedad Ojos de perro azul.

PAULA

Todo empezó como una carta para que la leyera su hija cuando despertara. Pero Paula nunca salió del coma en que estuvo sumergida por un año y murió.

Para esconder la monotonía de los días, todos iguales, pegados unos a otros y del mismo color, la ansiedad, la tristeza y la incertidumbre, la chilena Isabel Allende se hizo de un cuaderno y una pluma e iba anotando todo lo que sucedía alrededor del lecho de Paula, quien moriría poco a poco de una extraña enfermedad del metabolismo llamada porfiria. Tenía 28 años.

"Quisiera no haberlo escrito nunca", dice la autora en entrevista concedida al periodista de Univisión Jorge Ramos y aparecida en la prensa bajo el título de Escribir, la misión de Isabel Allende.

"Cuando comprendí que mi hija no iba a mejorar y que no iba a leer esta carta, seguía escribiendo porque ya no podía detenerme; era como una catarsis, una terapia, una manera de sobrevivir, una manera de pasar las horas, que fueron muy largas: un año entero."

De principio a fin, Isabel Allende se dedica a relatar su vida, la influencia que sobre ella tuvo su abuelo, el entrañable cariño que les profesó su suegra alcohólica, el infinito amor que siente por su madre —a quien considera su mejor amiga y editora— y la admiración devota por su padrastro, un soñador para quien nada era tan trágico ni tan importante.

La autora desnuda su alma y cuenta su vida, incluyendo el tiempo en que incursionó en los caminos de la infidelidad, cuando dejó al esposo e hijos por el amante durante tres meses. Después volvió arrepentida, el marido la perdonó y Paula, entonces de quince años, la recibió con un abrazo forzado y una mirada fría.

Ahonda en su odio hacia el militar, los acontecimientos posteriores a la caída de su tío Salvador Allende, la fuga de la viuda y su hija Tita a Cuba; esta tuvo un hijo, entregó al bebé a una amiga y se pegó un tiro.

Paula es un libro lleno de Isabel Allende, conmovedor, en donde se palpa y casi se toca el dolor de una madre cuando pierde a un hijo.

JUANA DE ARCO

Cuando la historia recoge a una mujer, su importancia vive en los siglos y en el recuerdo de las naciones.

El paso terrenal de Juana de Arco, sus ejecutorias verídicas o exageradas, son un ejemplo de lo apuntado, porque "La Doncella de Orleans" representa a la mujer patria-sacrificio, fe-amor y desventura.

El escritor Anatole France, librepensador y anticlerical, escribió: "Dio su vida por una idea, sobrevivió a su causa y su devoción permanece como ejemplo imperecedero.

Sufrió el martirio, sin el cual nada de grande ni de útil han fundado los hombres en el mundo. Ciudades, imperios y repúblicas se basan en el sacrificio. No carece, pues, de motivo ni de justicia que Juana haya llegado a ser el símbolo de la patria en armas".

Todo comenzó hace más de 400 años. Francia era totalmente dominada por Inglaterra. El duque de Borgoña, Juan sin Miedo, quien había renegado de su sangre, se había aliado con los ingleses y reconocía al monarca británico como su rey.

En este descalabro francés, que había de llamarse "la Guerra de los Cien Años", se derramó la sangre de la flor y nata de la caballería gala. Todo estaba perdido y la rendición finalizada.

El rey estaba loco y dejaba a su heredero de diez meses, un Delfín enclenque, declarado ilegítimo por su propia madre.

Ese era el panorama de los dos países europeos cuando, en una pequeña aldea, nace una niña que, dieciséis años después, habría de cambiar el curso de la "Guerra de los Cien Años".

Desde niña oía voces angelicales que le indicaban que su misión en la vida era salvar a su patria y a su rey del demonio inglés.

Finalmente, dos santas le indicaron dónde habría de ir a solicitar soldados para liberar Orleans, sitiada por los ingleses.

El jefe la toma por loca, la abofetea y es enviada a su casa. Pero las apariciones se suceden con mayor frecuencia.

Intenta de nuevo, una y otra vez. Es tanta su insistencia que el Delfín, casi un niño también, decide recibirla y le proporciona hombres y armas después de decirle a ella: "Solo viviré un año o un poco más. En este tiempo debemos realizar una gran obra. Los guerreros lucharán y Dios dará la victoria", y así fue.

Con su grito de guerra, el rostro resplandeciente de fe y el valor que impregnó en su ejército, que combatía como poseso, liberó Orleans.

En ese momento, la Doncella de diecisiete años cambió el curso de la sangrienta guerra. Luego su estrella comenzó a declinar.

Juana fue derrotada a las puertas de París, no sin antes haber coronado rey al Delfín.

Pero este, en su gesto generalizado de los que están perdidos y de pronto adquieren el poder, empezó a retirarle su apoyo. Ella cayó prisionera y su rey no movió ni un dedo para ayudarla.

Los franceses simpatizantes de los ingleses se convirtieron en sus verdugos. Juana es procesada por herejía. Tenía 19 años, "con lo que aquella campesina analfabeta se encontró sola frente a un impresionante tribunal formado por eruditos en leyes humanas y divinas".

Se le encadenó por el cuello, tobillos y muñecas.

El 29 de mayo de 1431 es condenada a ser quemada viva por "relapsa", es decir, por reincidir en la herejía.

Su muerte es descrita así: "Al día siguiente fue llevada al lugar del suplicio en una carreta. La multitud esperaba. Pidió una cruz. Nadie tenía ninguna. Fue atada en la pira y comenzó a rezar en alta voz entre sollozos. El capellán leyó la oración de los agonizantes. La llama prendió en las haces de la leña y se elevó de golpe. El humo ocultó el cuerpo de Juana a los ojos de la muchedumbre. Oyóse un grito desgarrador. El verdugo, súbitamente enloquecido, echó a correr despavorido, con la antorcha humeante en la mano; saliendo sobre el pretil del puente, se arrojó al Sena".

LUCRECIA DE BORGIA

El asesinato vía veneno era el sello real de la casa Borgia, de donde surge una hermosa niña que, con los años, se convertiría en la mujer más bella como perversa de la Italia del Renacimiento. Su nombre era Lucrecia.

Mucho se ha escrito sobre esta sanguinaria familia, que resumiremos en unas cuantas líneas. Los Borgia eran españoles (Borja), pero italianizaron su apellido.

Criados dentro de las cortes, donde "era común servir pócimas envenenadas a los invitados, con el elegante ademán y sonrisa obsequiosa", surge espléndida Lucrecia, hija y amante de un papa, Alejandro VI; tía abuela de un santo, San Francisco de Borja, y hermana de un criminal sifilítico, César Borja.

La época era turbulenta y poco escrupulosa. La familia era inmensamente rica y poderosa. A los trece años la casó su padre con Giovanni Sforza; a los diecisiete le anuló el matrimonio, acusándolo de impotente, pero en realidad era para casarla con un príncipe napolitano con quien tuvo un hijo llamado Rodrigo. La historia no da cuenta del paradero de este hijo. El segundo esposo de Lucrecia fue estrangulado por su hermano, el perverso César.

A raíz del sonado incidente, Lucrecia se entrega a una vida de excesos y orgías en el corrompido escenario del Vaticano, dando a luz un hijo, fruto de amores incestuosos con su propio padre, el papa Alejandro VI. El misterioso niño es conocido como "el infante romano".

Las perversiones de Lucrecia eran conocidas en toda Europa. Sus orgías consistían en mantener casi en completa oscuridad los salones donde recibía a sus invitados. El vino abundaba y otras bebidas espirituosas brotaban de las fuentes y de las bocas de sátiros y faunos de mármol. Los asistentes, que casi sumaban en los cientos, debían permanecer en completo silencio y, al chasquido de los dedos del perverso César, hombres y mujeres se entrelazaban libremente por horas. Todos ignoraban quién era su pareja y, una vez descansados, volvían a la faena con distintas personas hasta caer rendidos y saciados. Para ese entonces, la vida humana no poseía ningún valor.

Más de quinientos años han transcurrido desde la maldad de los Borgia; sin embargo, su nombre aún es recordado no solo por su perversidad, sino porque fue durante ese período en que la deslumbrante Lucrecia gobernara, en tres ocasiones, la Iglesia, cuando el poder del Vaticano estaba muy por encima de todos los reyes y reinas de Europa. Pero nadie tenía la autoridad moral para condenar semejante desafuero.

Todavía en su veintena, Lucrecia es casada por tercera vez, pero este desdichado corre igual suerte; se presume que es otra de las tantas víctimas del arsénico utilizado sutilmente por la malvada muchacha, que solía cubrirse de perfumes exóticos y perlas.

De pronto, la leyenda negra que se cernía sobre ella va tomando otro matiz. La condesita se vuelve solitaria, deja de hablar, ya no asiste a las orgías, no frecuenta las pomposas ceremonias, se refugia en sus habitaciones, llora, reza, se retrae, medita… un reverso de la moneda que asombra a la corrompida corte.

Esta desconcertante actitud de castidad duró siete años. Todo indicaba que se trataba de un tardío arrepentimiento, pero de pronto se vino abajo cuando se conoció su muerte a los 38 años, desgarrada por los dolores a consecuencia de un aborto.

Por otro lado, su perverso hermano, a quien Lucrecia amaba entrañablemente, murió a consecuencia de las heridas sufridas en una escaramuza en Navarra, en cuya corte se había refugiado tras el derrumbe de su casa. Era malévolo e intrigante; de ahí que su muerte, lleno de pústulas malolientes, no fue lamentada por nadie.

Su avaricia, su hipocresía, su actuar tras bambalinas, su maledicencia, los despojos que hacía de bienes ajenos, castillos y propiedades, inspiraron a Maquiavelo su libro más cínico y lúcido acerca de la corrupción del poder: El Príncipe.

DEL AMOR Y OTROS DEMONIOS

Un día cualquiera, hace 45 años, el jefe de redacción de uno de los diarios en que Gabriel García Márquez trabajaba como reportero le dijo: "Date una vuelta por allá a ver qué se te ocurre", refiriéndose al antiguo convento de Santa Clara, convertido en hospital desde hacía un siglo. Resulta que sus criptas iban a ser vaciadas para dar paso a la construcción de un hotel de cinco estrellas.

A piocha y azadón, los obreros destapaban las fosas, sacaban los ataúdes podridos y separaban los huesos para colocarlos en montoncitos, e iban apuntando los nombres de cada lápida en un trozo de papel.

De pronto destaparon una losa, y de ella salió una cabellera viva, de un color cobre intenso. El maestro de la obra quiso sacarla completa, y cuanto más tiraba de ella, más larga parecía, hasta que salieron las últimas hebras, todavía prendidas a un cráneo de niña.

El nombre de la tumba, sin apellido, era el de Sierva María de Todos los Ángeles. La cabellera medía veintidós metros con once centímetros.

El maestro de obras le explicó al joven periodista que el cabello humano crecía un centímetro por mes hasta después de la muerte, y veintidós metros le parecieron un promedio de doscientos años.

Continúa diciendo García Márquez que, en ese momento, recordó que su abuela le había contado, cuando niño, la leyenda de una marquesita de doce años cuya cabellera le arrastraba como una cola de novia, que había muerto del mal de rabia por el mordisco de un perro y era venerada en los pueblos del Caribe por sus milagros.

"La idea de que esa tumba pudiera ser la suya fue mi noticia de aquel día y el origen de este libro."

Sierva María de Todos los Ángeles era la hija única del marqués de Casalduero y marqués del Darién, y tenía doce años. Ese día salió con su sirvienta y fue mordida por un perro mientras observaba un cargamento de esclavos de Guinea que iban a ser rematados en la plaza pública.

La niña crecía abandonada de cariño, ya que su padre, el marqués, era un desilusionado y abúlico que se pasaba la mitad de la vida meciéndose en una hamaca, espantando a los murciélagos que le sacaban la sangre mientras dormía, y el de Bernarda, su madre, que desde el primer instante de su nacimiento la repudió hasta llegar al odio.

La casa, que hasta entonces había sido el orgullo de principios de siglo, estaba localizada frente al manicomio de mujeres "La Divina Pastora", en donde daban asilo a los "arrabiados", peste que asolaba la calurosa ciudad, propicia para los arrebatos amorosos de Bernarda, la marquesa, que colmaba de oro a sus numerosos amantes.

Sierva María, mientras tanto, se instruía en la educación de los esclavos, dominaba a la perfección sus lenguas y se adornaba de turbantes y collares de todos los colores, como las esclavas, encabezadas por Dominga de Adviento, a quien Sierva María consideraba y amaba como si fuera su madre.

Al preguntarle a García Márquez el origen de los nombres extraños de sus personajes, dijo en una entrevista concedida a un periodista sevillano que: "Los nombres me preocupan muchísimo. Mientras no lo descubro, para mí el personaje no existe porque no vive", agregando que semejante idea también la tuvo Juan Rulfo, "aunque él los buscaba en los cementerios; yo no, ya que un directorio telefónico es un cementerio de personas que aún no se han muerto".

La trama de la novela transcurre en un breve tiempo, seis meses a lo sumo. El escritor comprime el período, como en sus otras obras, transportándose a cosas ocurridas muchos años antes sin perder la cronología ni el sentido del tiempo.

A través de las páginas, el lector percibe el recelo existente entre los miembros de la Iglesia católica, para el caso, la rivalidad entre el obispo Toribio de Cáceres y Virtudes y Josefa Miranda, la abadesa de Santa Clara.

El leve mordisco del perro enrabiado conduce al marqués a internar a Sierva María en el convento-hospital de Santa Clara. Su espléndida cabellera de dos metros le es cortada y, tras la disposición de la abadesa y el obispo, acuerdan que la niña sea exorcizada.

Para tal oficio es nombrado el padre Cayetano Alcino del Espíritu Santo Delaura y Escudero, quien resulta "endemoniado de amor" por Sierva María.

Los supuestos conjuros para extraerle el diablo se convierten en versos amorosos que le recita en el estrecho recinto-celda, en donde permanece Sierva hasta su muerte, quemada viva, murmurando en silencio el nombre del amado sacerdote. Él, por su parte, también sucumbe espiritual y moralmente ante la pérdida del ser amado.

En un artículo intitulado El endemoniado amor de García Márquez, Mario Galindo apunta sobre la similitud de este libro con el de la novela de Enrique Molina, en donde el obispo (en tiempos del presidente Rosas de la Argentina) aprueba el fusilamiento de Camila O'Gorman y Ladislao Gutiérrez, reos confesos del delito de amarse, pese a ser Ladislao sacerdote y Camila tener ocho meses de embarazo.

Ambientada en el siglo XVII, durante la época de la colonia, García Márquez también muestra la preferencia por Cartagena de Indias, en donde sitúa los amores sin tiempo ni fin de Fermina Daza (El amor en los tiempos del cólera) y de la niña Sierva María, con la única diferencia de edades: Fermina Daza ama para toda la vida y por fin encuentra la dicha a los sesenta y pico de años, y Sierva a los doce.

Contrario a sus otras obras, magistrales todas, con excepción de Crónica de una muerte anunciada, según la crítica francesa, podemos considerar que la narración amorosa de estas dos es tan humana, tan real, tan de cerca, que no podía ser de otra manera, ya que ambas han sido el resultado de hechos reales, pedazos de vida viva, basados en hechos verídicos, sin que esto signifique falta de creatividad, pues solamente una pluma genial puede "darle cuerpo" a hechos dados para convertirlos en obras maestras.

Para citar algunos: A sangre fría, considerado como el reportaje periodístico perfecto convertido en novela, fue el resultado del brutal asesinato de la familia Clutter; Pedro Páramo surgió de la Revolución Cristera; Rojo y negro, de Stendhal, fue tomado de datos de una posta de la policía que denunciaba un atentado contra una dama, y esta luego pide por su inocencia.

El suicidio de una joven común y corriente en un ambiente también deslucido y sin brillo dio paso a uno de los libros más importantes de todos los tiempos: Madame Bovary, de Flaubert; Gringo viejo, de Carlos Fuentes, basado en el misterioso desaparecimiento del escritor estadounidense Ambrose Bierce; La peste, que asoló la ciudad de Orán, hecho libro por Albert Camus y que influyó en la obtención del Premio Nobel de Literatura.

Y ahora que la creatividad narrativa se va perdiendo, se preguntan en congresos y cónclaves los intelectuales. Creo que la contestación a este importante planteamiento la resumió en pocas palabras Rulfo,

al decir que ahora no hay mucho tiempo para una literatura creativa,
pues los acontecimientos del día aplastan la realidad.

EL GRAN GATSBY

Así como el mundo está lleno de pobres, también rebosa de "gatsbys"; el hombre amante de lo efímero, de la belleza pasajera, las castas sociales, la ostentación desmedida, el lujo de mal gusto, las cosas que brillan y el dinero.

El "gatsby" tiene todo, menos amor. Él siempre aspira al cariño de una mujer ajena, perteneciente a la alta sociedad, de la que es rechazado por su escasa cultura, su origen de pobre, a pesar de su cuantiosa fortuna. Y de este terror de "no pertenecer", de no ser nadie, solamente los intelectuales o amantes del espíritu se salvan.

Cuando el "gatsby" da una fiesta, se asegura de antemano de que se conozca el origen importado de la comida, licores, cristalería, etc. Es así, según él o ella, que conseguirá la estima de personas finas y cultas por nacimiento, pero que internamente los desprecia por fatuos, generalmente superficiales en sus conocimientos sobre la vida y todo aquello que el tiempo derrota.

Ese tipo de persona no era muy conocida en la literatura antes de 1925, hasta que Scott Fitzgerald la presentó como una "moderna maldad" a través de las páginas de una de las más notables novelas del siglo, El Gran Gatsby.

La obra fue presentada en la pantalla cinematográfica, interpretada magistralmente por Robert Redford. ¿Quién no recuerda a Jay Gatsby, que desea cambiar su fortuna por el amor de la aristocrática Daisy Buchanan?

Gatsby, dice el autor, es un soñador corrompido y Daisy, un objeto corrupto de amor. Es la historia de una cruda, materialista y descuidada sociedad, dispuesta a cubrir la esterilidad del mundo con una capa de tosca riqueza. Pero él la ama, o lo que ella representa en su mundo de miseria humana, y ansía detener el tiempo; pero la sociedad está en decadencia de una manera y Jay Gatsby, de otra.

Para Gatsby, Daisy era su "sueño americano"; quería, a través de ella, regresar a la inocencia, la nostalgia, el jazz, las flappers; todo lo ido para siempre.

Malcolm Bradbury, en su libro Literatura moderna, dice que Gatsby es un emblema a la vez trascendente y corrupto; una tragedia simbolista sobre la lucha que la imaginación libra para existir en un tiempo histórico devaluado y, al mismo tiempo, define la esencial ambigüedad de tal símbolo, su maravilla y su prostitución.

Daisy, por su parte, es el distintivo de la riqueza refinada, culta y exquisita que se mueve en un mundo sexualmente confuso y perverso.

Cuando Fitzgerald escribió esta admirable pieza, se encontraba en iguales condiciones anímicas que sus hermanos de generación, denominada "Perdida".

Eran los años 20; Woodrow Wilson era el presidente de los Estados Unidos, el psicoanálisis estaba en su apogeo y también la nostalgia por lo perdido, y con ella la novela de la posguerra. En otras palabras, con El Gran Gatsby había nacido en Norteamérica el modernismo y su importancia dentro de la narrativa literaria seria.

BUENAS NOCHES, MAMÁ

Un buen libro es un buen libro, y a pesar de los precios tan altos, son adquiridos por unos cuantos privilegiados que no forman legión.

Tal es el caso de la obra que, sobre el suicidio y la sobrevivencia, ha escrito Marsha Norman, la ganadora del Premio Pulitzer a los 34 años, hace apenas dos, cuando tambіén reseñamos sobre esta sobrecogedora y angustiosa obra.

Buenas noches, mamá es una pieza teatral que pone al descubierto "cosas" de las que la gente común no quiere oír, ni ver, ni hablar.

Según la crítica de los norteamericanos, la obra "tiene la textura de los grandes dramas norteamericanos y la penetración de sus mejores tragedias."

Una madre y una hija platican una vez por semana. Esa noche, Jessie le anuncia a su madre que va a suicidarse.

Durante los siguientes noventa minutos de la obra, la madre (interpretada por Carmen Montejo en México) y la hija pelearán por la vida.

La madre suplicará, amenazará, pedirá perdón, pero todo es en vano. Jessie ha perdido la fe, el marido la ha abandonado y el hijo vagabundea.

La madre se agiganta en la obra; todo el mundo está con ella, luchando por sobrevivir cada minuto, pero la hija se incorpora, cierra la puerta de su dormitorio y emite las palabras fatales: "Buenas noches, mamá…"

La profundidad de la obra no deja dudas del talento de la escritora, quien plantea el problema trágico de la falta de comunicación, pero no lo limita a una madre específica y a su hija, sino que lo hace extensivo a toda especie.

Al mismo tiempo, denuncia un modo de vida: el estadounidense, el del mundo entero. "Es la historia de la masa que carece de valores auténticos, en parte por culpa de los medios masivos de comunicación y, por otra, de los humanos (Jessie) que se dan cuenta de que son engañados, manipulados y usados, todo representado con la sutileza de las obras de gran altura."

Los críticos —todos favorables— perciben el hecho de que, cuando todo el mundo escribe acerca de la "nueva mujer norteamericana", triunfadora, luchadora, las suyas son mujeres sin talento ni preparación.

Al respecto, la escritora dice que la inteligencia no es tan útil como normalmente pensamos. Hay muchas ocasiones en la vida en que la inteligencia o la preparación a nivel de trabajo pueden encubrir una gran falla de comunicación. "Nuestras vidas —dice— están determinadas por lo que somos, por lo que sabemos hacer."

Las madres les mienten a las hijas al decirles desde niñas que todo resultará bien, pero no es así. Habrá que tener coraje, mucho valor para luchar entre el bien y el mal y perdonar lo que haya entre estas dos fuerzas. No siempre se puede, pero hay que tratar.

"Esta pieza fue una manera de luchar por mi propia vida", ha dicho Marsha Norman. "Todos tenemos amigos, también gente que nos ha abandonado por alguna razón sin decirnos por qué, preguntándonos lo que hubiéramos podido hacer por ellos, sintiéndonos culpables, pero pienso que no lo somos, como tampoco debe sentirse la madre que luchó hasta el final por salvar a su hija. Y finalmente llegué a la conclusión de que, a pesar de los esfuerzos que hagamos, la decisión final es de los otros, y si quieren irse… dejarlos ir."

CLEOPATRA: LA NUEVA ISIS DEL MUNDO ANTIGUO

Marco Antonio puso a los pies de Cleopatra todo su poder político y militar. La derrota naval contra Roma en Actium condujo a ambos al suicidio.

Hace muchísimos años, un caminante oriundo de Sidón llamado Antípatro se dedicó a recoger opiniones sobre cuáles eran las siete obras más importantes construidas por el hombre hasta ese momento.

Como buen encuestador, quizá el primero en la historia, tomó en cuenta el estilo y la belleza de las mismas.

El resultado fue inapelable y aún prevalece.

Antípatro anunció el resultado así: "Las Siete Maravillas del Mundo Antiguo" son las Pirámides de Egipto, los Jardines Colgantes de Babilonia, la Estatua de Zeus, el Templo de Artemisa en Éfeso, el Mausoleo de Halicarnaso, el Coloso de Rodas y el Faro de Alejandría. Desgraciadamente, solo quedan las Pirámides de Egipto para corroborar el juicio de Antípatro.

¿Y la belleza humana? Para el caso, bien pudo Antípatro incluir una octava maravilla: la extraordinaria belleza y talento de Cleopatra, la niña-mujer que dominó imperios mediante las argucias de su embrujador encanto y su enorme talento.

Cleopatra contaba solamente con 17 años cuando fue entronizada reina de Egipto (51 a. C.), un imperio agonizante tras cincuenta siglos de esplendor. Pero antes —según la costumbre— había contraído matrimonio con su hermano de 10 años, Tolomeo XII. Sin embargo, la niña-mujer optó por ofrecer sus encantos y compartir su lecho con un sinnúmero de amantes poderosos, utilizando su belleza, ingenio e inteligencia.

Cleopatra leía incesantemente y estudiaba; hablaba numerosos idiomas, incluidos el latín, el hebreo y el árabe.

La llegada de Julio César le abrió las puertas de la historia. Su ambición era asumir el poder en solitario. El único medio era a través del César, así que decidió ponerle una trampa de incalculable sensualidad: se presentó desnuda ante él, enrollada en una riquísima alfombra cargada por varios esclavos.

Este arranque subyugó al hombre más poderoso del mundo, quien se rindió ante la joven de veinte años y luchó sus batallas desde su lecho.

Entre las refriegas suscitadas en las calles de la ciudad perecieron, bajo las llamas, miles de preciosos libros de la gran Biblioteca de Alejandría.

El idilio escandalizó al mundo, que no concebía cómo el semidiós romano amara a la "nueva pérfida Helena".

Al César le dio un hijo, al que llamaron Cesarión. Pero llegó el aciago idus de marzo del año 44 a. C., y el César fue asesinado por las dagas de sus senadores, cerrando este capítulo amoroso para luego dar paso a otro más fuerte, más intenso, más puro, más sincero, hasta el suicidio de ambos, inmortalizados por William Shakespeare en la obra Antonio y Cleopatra.

Tras haber vengado el asesinato de Julio César, Marco Antonio se convirtió en amo del mundo. Cleopatra se encontró con él en Siria, pero esta vez se presentó ostentosamente ataviada con joyas y piedras preciosas de valor incalculable y navegando sobre las aguas del Nilo en una barcaza de oro.

Pronto sucumbe Marco Antonio ante la espléndida belleza, repudiando a su esposa romana Octavia, hermana del poderoso Octavio, ahora enemigo de Marco Antonio, a quien decide hacerle la guerra y destruirlo, porque, según rumores, Cleopatra estaba mirando a través de su amado los cimientos del imperio. De estos excesos se hizo eco el poeta Horacio, quien brindó con su mejor vino la muerte de la reina.

Luego se suscitó la famosa batalla naval de Actium. Octavio descalabró con sus naves el poderoso ejército de Antonio. Al ver esto, Cleopatra se dio a la retirada antes de tiempo, pues la batalla aún no había concluido.

Marco Antonio, al ver la huida de su amada, se desesperó; no pudo vivir sin ella, su amor loco lo cegó, y en vez de seguir la lucha hasta el final, juntó a sus hombres y cometió la indignidad infame de seguirla, gritando su nombre. Este gesto de implacable sordidez puso fin a la nobleza de su estirpe.

Al entrar triunfante Octavio en la ciudad vencida, se sentía avergonzado de la huida del más noble de los hombres, que todo lo abandonó por seguir la nave de su amante, traicionando así la confianza depositada en él por sus tropas.

Al ingresar al palacio, encontró el cuerpo inerte de Marco Antonio "arrojado con serena determinación sobre su espada, y todos se sobrecogieron ante el imponente espectáculo del suicidio de un dios".

Octavio dio la orden de que Cesarión fuera inmediatamente ejecutado, y así se hizo, mientras egipcios y romanos se preguntaban en dónde se habría refugiado su reina, su sacerdotisa vencida y última soberana de la línea directa de los Tolomeos.

Todo había terminado. Cleopatra tenía 39 años. Le había dado tres hijos a Marco Antonio, a los que les dio los nombres de Alejandro, Cleopatra Selene (posteriormente unida en matrimonio con el rey Juba II) y Antonio, quienes después de la muerte de sus padres fueron educados en Roma.

Y Antonio, considerado hasta hacía poco como el hombre más poderoso del mundo, fue elevado a la condición de dios, erigiéndose en su honor un templo llamado luego Caesareum, que fue adornado con dos obeliscos antiguos conocidos como las Agujas de Cleopatra.

La muerte de la nueva Isis es descrita así:

"Cleopatra se levanta y camina majestuosamente hacia la cesta de mimbre donde se agitan las serpientes rumorosas. Al levantar la tapa, un hedor animal provoca un mohín bajo la nariz más controvertida de la tierra. Mira, determinadamente, retadora y resignada, la piel viscosa y la forma extrañamente retorcida del áspid. Luego descubre sus senos, y una agónica voluptuosidad recorre sus entrañas. Toma con firmeza del cuello las inquietas serpientes. Ha sido una virgen temeraria, una bailarina huidiza en la intimidad de la alcoba, una misteriosa reina y una falsa diosa.

Todo está consumado. Tiene los ojos abiertos. Y con sombría nobleza aplica sobre sus pechos desnudos las bocas venenosas."

JULIO VERNE: CREADOR DE LA, MODERNA NOVELA CIENCIA FICCIÓN

En el mundo de la literatura, es quizá Julio Verne el único hombre que vivió un sueño de futuro.

Es el autor de Ochenta días alrededor del mundo, Veinte mil leguas de viaje submarino, Miguel Strogoff, etc.

Desdeñó el presente y se dedicó, a través de sus novelas, a dar predicciones que han ido cumpliéndose con exactitud pasmosa: máquinas voladoras, submarinos, vueltas al mundo en plazo de horas, viajes interplanetarios, aparatos teledirigidos, satélites artificiales, televisión, helicópteros, armas de largo alcance, cine sonoro, conquista de la Luna, bomba atómica…

Solo una de sus grandes profecías, la del Viaje al centro de la Tierra, no se ha realizado aún de modo grandilocuente como él lo imaginó; quizá nunca se realice.

Las novelas de Verne, ochenta en total, suscitaron gran entusiasmo entre el público lector, que las consideraba como una especie de moderna mitología.

La figura del presunto superhéroe, el Capitán Nemo ("nadie"), con que bautiza al dirigente de la expedición, es un solitario, un aislado, como lo fue el propio Verne durante toda su vida; y el Nautilus (el submarino de Nemo), que es una réplica de su dormitorio con llave, al que no permitía que entrara nadie, mucho menos su esposa Honorina de Viane, a quien nunca quiso, ni al hijo de ambos. Siempre mantuvo una actitud hostil de rechazo hacia ellos.

Foucault describió los personajes vernianos así: "Estos atraviesan un mundo real que permanece indiferente a su paso y que vuelve a cerrarse sobre sí mismo una vez que pasaron. Cuando regresan, nada han visto ni aprendido, cierto, pero tampoco nada ha cambiado sobre la superficie del mundo ni en lo más profundo de su ser."

Pero no todos los críticos se expresan de esa forma. La mayoría admira el optimismo de sus héroes. Sus novelas están inflamadas de una radiante humanidad, de una inmensa confianza en el hombre, en su coraje (al estilo hemingwayano) y en su capacidad de aprender; en sus novelas, el corazón y la inteligencia triunfan siempre sobre la estupidez y la maldad.

Un ejemplo del eterno aprendizaje lo reflejan los tres hombres: el naturalista Aronnax, su criado Conseil y el arponero Ned Land, quienes han sobrevivido al hundimiento de su barco, perpetrado por un gigantesco submarino (el Nautilus), en el cual permanecen diez meses como huéspedes del solitario Nemo, artífice del invento.

La obra, llevada a la pantalla, muestra las maravillas de los tesoros sumergidos de la Atlántida, luchas contra pulpos gigantescos, colores cambiantes, peces multicolores, el silencio de las profundidades, y asisten a un entierro en un maravilloso cementerio de coral.

Esos espejismos de la fantasía, como dijimos anteriormente, fueron superados con creces.

Exceptuando a su prima, quien lo desdeñó para casarse con otro, no amó a nadie. Su pasión, a lo Van Gogh con Theo, fue su hermano Paul, cuya muerte lo enterró para siempre en su mundo de viajes, estrellas, profundidades marinas, corales y lunas.

Marcel Proust escribió: "Quizá no hay días en la infancia tan plenamente vividos como los que hemos creído, sin dejar de vivirlos, como los que hemos pasado con un libro preferido, con la zozobra atenta y afiebrada de un niño que lee una novela de Julio Verne."

No hay duda de que él fue ese niño, y con él, todos nosotros.

Julio Verne murió el 24 de marzo de 1905, a los 77 años.

DOCE CUENTOS PEREGRINOS

"El rastro de tu sangre en la nieve" es un lindo cuento dentro de los doce peregrinos que conforman el último libro de Gabriel García Márquez.

Lejos han quedado las Amarantas, los Aurelianos, los lugares imaginarios, la lluvia, el olvido y la "idiotez sin pasado". Todo se ha quedado atrás, menos los dos temas recurrentes tradicionales en su obra: el amor y la muerte.

La narración es tan breve como la vida de la recién casada, que antes de emprender su viaje de bodas, se pincha el dedo con la espina de una rosa.

La herida es tan pequeña, tan imperceptible, que le resta importancia, pero por esa insignificancia se le escapa la vida, corroborando de esta forma su temática, que se resume en la incapacidad del hombre por superar el destino que se traza o que le han trazado.

"Solo vine a hablar por teléfono", el relato de una mujer confinada a un manicomio por error, y "Me alquilo para soñar", son los otros que me gustaron. Sin embargo, eso es cuestión de gustos. Pero el hecho de que deleiten o no, es algo que en nada le interesa o afecta al enorme mercado de derechos de autor en el mundo editorial, que espera de las obras aunque estas no estén a la altura de un Premio Nobel.

Crónica de una muerte anunciada es un triste ejemplo, producto de las exigencias de las casas editoriales por obtener más y más material de un Nobel que no pasa de moda.

El resultado de Crónica... fue lamentable. La crítica francesa la despedazó, y también el Congreso Internacional de Semiótica e Hispanismo, celebrado hace algunos años en Madrid, con una asistencia de 400 intelectuales.

En esa ocasión, el semiólogo español Pablo Luis Ávila dijo: "Crónica de una muerte anunciada era una mala novela. Es una obra repetitiva, cuya estructura y elementos narrativos no alcanzan la altura de libros anteriores del novelista y periodista latinoamericano."

Francia y otros críticos europeos consideraron que Crónica... era la peor novela salida de la pluma del escritor; es una prueba de la dificultad de García Márquez para superar la creación de Cien años de soledad y otros textos, como El coronel no tiene quien le escriba, que es lo mejor que ha escrito, según declaraciones proporcionadas por el mismo autor en un congreso internacional realizado en México.

Estas historias de exilio, como él las llama, y que lo regresan al difícil género del cuento breve, fueron representadas en la Exposición Universal de Sevilla, durante un acto presidido por la esposa del presidente de Colombia, Ana Milena de Gaviria.

¿Por cuánto tiempo permanecerá esta obra en las estanterías de las librerías del mundo? Habrá que dejárselo al tiempo.

LA VIDA PRIVADA DE HELENA DE TROYA

En una versión moderna, John Erskine, en su libro La vida privada de Helena de Troya, la describe como cualquier mujer de los 90, con sentimientos encontrados y casi sin cualidades.

Esclava de su inmensa belleza, pasa el día pendiente de ella: dietas, cremas, baños con leche, aguas alborotadas que blanquean suavemente su blanquísima piel, uñas torneadas, pies blandos que, de leves, no pisaban el suelo, cabellera al viento como corceles desbocados, madre ajena a las alegrías y sinsabores de su hija Hermione —como en las familias modernas—, esposa despreocupada, sin ninguna intención de agradar al marido. En otras palabras, Helena era la reina de la flojera.

Para conocer a esta mujer eterna, combinación de Madame Bovary, Ana Karenina y Michelle Pfeiffer, no hay que retroceder al siglo XVIII a. C., cuando Homero la hace objeto de la cólera de los dioses y del adulterio de la frívola Atrida.

Mientras Helena haraganeaba y se aburría en su palacio, en el Olimpo la Discordia lanzaba una manzana en la mesa donde los dioses celebraban un banquete al cual no había sido invitada.

Sobre la manzana rezaba la leyenda "A la más bella". Las diosas quedaron atónitas y solo tres se la disputaron: Minerva, Juno y Afrodita. El padre de todos los dioses no quiso intervenir en el pleito de mujeres y, para evitarse problemas, delegó la elección en un mortal.

Las diosas comenzaron su cabildeo. Primero tenían que decidir quién arbitraría semejante contienda. Tenía que ser un mortal, un príncipe de honorable estirpe, y quién mejor que uno de la casa de Príamo, rey de Troya.

Este noble soberano tenía dos hijos: Héctor, tan justo como el padre, y París, el menor, débil de carácter, voluble e insobornable. Las diosas decidieron por este.

Cada una le ofrecía toda clase de bienes: sabiduría, larga vida, dichas sin fin, poder absoluto, coraje, tranquilidad espiritual; pero a París no le entusiasmaba nada de eso. Entonces Afrodita, que fue la última en hablar, le ofreció la mujer más bella del mundo: Helena. París aceptó, y la diosa del amor recibió la manzana de oro.

París voló presuroso en busca de la mujer prometida. Helena dormitaba dulcemente, arrullada por la brisa. Este tocó las puertas del palacio de Menelao, esposo de la voluble Helena, hijo de Atreo y hermano menor del poderoso Agamenón.

"Yo soy el príncipe París, hijo de Príamo, rey de Troya, y solicito albergue para mis hombres y mis caballos" —dijo.

El Atrida atendió la solicitud y los recibió con los brazos abiertos, pero al ver a Helena, París supo de inmediato que esa era la mujer que le había prometido Afrodita.

De inmediato Helena le correspondió, y esa misma noche, mientras la mansión real se hallaba sumida en el sueño, huyó con el amante dejando tras de sí al esposo, a su hija y a todo un pueblo que, poco más tarde, pagaría con su vida la infidelidad de la bella Atrida.

Un navío cretense transportó el codiciado botín y, para mayor vergüenza, París robó también todo lo valioso que había en el palacio del amigo.

Aquel ultraje hizo que se reunieran en el palacio de Menelao todos los grandes de Grecia y sus reyes. Se formó una armada de mil ciento ochenta y seis navíos con ciento veinte mil hombres dispuestos a vengar la afrenta infligida a Menelao y a toda Grecia.

Se hicieron a la mar y, al pisar tierra troyana, se fueron encima de un atribulado ejército comandado por el valiente Héctor, que tuvo que irse en retirada y refugiarse bajo el seguro baluarte de las murallas.

Así comenzó el prolongado sitio de Troya, que duró largos diez años.

Mientras esto sucedía, la deslumbrante Helena paseaba su mirada más allá de las murallas para observar las antorchas ardientes de sus rescatadores. Esa misma mirada habría de describirla, dos mil años después, el poeta inglés Christopher Marlowe: "¿Es este el rostro que hizo que mil navíos se fueran al mar?".

Posteriormente, el poeta alemán Wolfgang Goethe, en su amor reverente a los clásicos movimientos, tarde o temprano hace entrar a la Grecia antigua en su drama Fausto, el hombre que ha vendido su alma al diablo.

Entre los deseos concedidos por Mefistófeles, Fausto pide un encuentro con la mujer más bella del mundo jamás concebida. Y se le aparece Helena de Troya, a quien le entrega el corazón.

Es el amor moderno ante la belleza antigua. Es un simbolismo goetheano del regresar de la Edad Media hacia la serenidad del clasicismo griego.

Apartándose de la versión moderna de Helena, mujer mil veces repetida a través de los siglos, John Erskine detiene su andar para presenciar junto con Homero el gran espectáculo donde los dioses han tomado partido luciendo pequeños y mezquinos.

Homero traza con indelebles líneas las figuras de los hombres y de los dioses que ve pasar, y con sencillez narra, pues lo único que hace es narrar. Los combates los pinta de una manera mágica, arrancando de cada héroe que cae un gemido.

Las divinidades protectoras de los pueblos, ya mezclados en la contienda, permiten a Homero presentar en escena al Olimpo entero.

El horizonte se dilata rápida y enormemente, el interés crece; Afrodita, herida, huye del campo de batalla: "un grandioso rasgar de tierra y cielos es todo sublimidad, vida y movimiento".

El crítico G. H. Junemann, considerado como uno de los mejores estudiosos de La Ilíada, apunta que únicamente en dos ocasiones se presentan Júpiter y Juno con sublimidad divina. Homero describe más grandes moralmente a los hombres que a los dioses: más grande Héctor que el dios Júpiter, Andrómaca, esposa de Héctor, que Juno.

Los dioses se muestran grandes en poder, pero pequeñísimos de corazón; pequeños con los hombres, pequeños entre sí, groseros e indignos. Es una inmensa tragedia la de Ilión.

Su héroe trágico, amable, ideal, no es Aquiles, sino Héctor, víctima de la traición de su hermano y de la deiforme Helena.

Semidiós Aquiles, no raya tan alto como Héctor, un simple mortal.

A través de esta inmensa epopeya, Homero da a conocer la religiosidad y el alto concepto de la moral. Para Homero, la fidelidad conyugal es lo más importante. Una vez rota la promesa de amor, el castigo viene inmisericordemente, sin tregua ni escape, arrastrando víctimas inocentes, hijos, padres y pueblos.

Cuenta el poeta que ni el propio Escamandro, dios del río, que elevara sus olas en defensa de Troya, pudo poner dique a la cólera de Aquiles, que mató a Héctor, arrastrándolo a su carro por los pies ante la mirada horrorizada de sus padres.

Helena observaba impávida cómo arde en la pira el cadáver del campeón y el de su amante; se acaricia el rostro en medio de un millar de cuerpos ensangrentados, y es regresada a su esposo Menelao, diferente, altiva, orgullosa y con actitud triunfalista.

LEON TOLSTOI: CREADOR DE LA NOVELA PSICOLÓGICA

En el presente es difícil encontrar personas que dispongan del tiempo, la voluntad o el entusiasmo para leer las extensas obras de los escritores del pasado.

La guerra y la paz y Ana Karenina, de León Tolstoi, para el caso, son joyas literarias que han sucumbido ante el ajetreo de la vida moderna, que no admite más que el libro reseñado, resumido y sintetizado.

La vida es muy corta, los problemas se agrandan y el tiempo tiene que ser cuidadosamente distribuido entre las necesidades que se presentan a cada instante en el enjambre complejo en que vivimos.

No es que las pasiones de los rusos fueran más intensas que las del hombre moderno, esas siempre son las mismas. Probablemente la inmensidad de sus heladas estepas y la vastedad inabarcable de sus fronteras influían en el tamaño de sus libros.

En la actualidad, los personajes que todavía leen, incluyendo a los intelectuales que sí encuentran ratos libres para hacerlo, se sorprenden por la sutileza con que estos vivieron y se describieron en sus grandes epopeyas, y de cómo ahondaron en las intimidades del hombre hasta lograr un fino análisis de "la antojadiza alma humana".

Tolstoi, creador de la novela psicológica, era un aristócrata refinado y opulento. Siempre atento a los altibajos de la sociedad cruel que lo rodeaba, decidió volverse anarquista cristiano, desconcertando a sus admiradores, amigos y aun a la Iglesia, que finalmente lo excomulgó.

Se volvió humilde, enarboló la bandera de la mansedumbre y la piedad como la más alta virtud y se entregó por completo a darle al mundo "una obra literaria inmensa, una de las mayores de todos los tiempos, donde la epopeya y el lirismo se entrelazan y donde la guerra y la paz de los pueblos cobran realidad, prácticamente en los lujosos salones y en los campos de batalla, en las ilusiones irreductibles y en las furiosas tormentas del asendereado corazón humano".

Hijo del conde Tolstoi y la acaudalada princesa María Volkonski, heredó una pronta orfandad y una enorme finca rural llamada Yasnaia Poliana.

Sus dos propiedades, el castillo en Moscú y esta finca, influyeron en su vida. La gran urbe representaba el derroche, el lujo y el desenfreno, y la finca su refugio, el lugar "del alumbramiento laborioso de sus preclaros sueños literarios".

Y se trasladó definitivamente a su finca con su esposa Sofía y sus hijos. La trágica muerte de su hermano Nicolás lo había afectado, a pesar de su costumbre de meditar siempre sobre la muerte. Todo le era propicio para dar comienzo al fresco histórico: la invasión de Rusia por Napoleón Bonaparte en 1812.

Todo comenzó con un Napoleón con sonrisa de triunfador, al frente de un ejército de medio millón de hombres adentrándose en Moscú, pero sin víveres y en medio de un crudo invierno.

El frío, la nieve que lo cubría todo, tornaron el desaliento de sus soldados en total desesperación.

La retirada causó más estragos que la guerra misma. La nieve sirvió de sudario a más de 480 mil hombres (solo 18 mil sobrevivieron del medio millón), entre ellos el emperador Bonaparte, quien, cabizbajo sobre su caballo blanco, parecía una triste sombra de sí mismo. Fue un largo adiós al enemigo blanco que eclipsó para siempre su buena estrella.

Tolstoi vivía constantemente acosado por el pecado. La desconsideración hacia las mujeres llegó a lo ofensivo; para ellas no hay misericordia, solamente si se concibe el velado desprecio que experimentaba por Ana Karenina, a quien destruye inmisericordemente bajo las ruedas de un tren, sin la menor oportunidad de un perdón.

Tuvo muchos defectos, quizá más que cualquier otro; sin embargo, su enorme talento como narrador lo convierte en la figura más destacada y la fuerza moral más vigorosa de toda la literatura rusa.

Un día, bajo una tormenta de nieve, salió de su casa. Su hija menor, Alejandra, lo alcanzó y se fue con él. Debido a esta huida, con destino desconocido, de la que no volvería nunca más, contrajo una pulmonía. Su esposa corrió a su lado, pero, como cruel intérprete de los sentimientos del alma femenina de la que nunca se apiadó, prohibió la entrada de ella a su habitación y murió sin verla.

LA DIVINA COMEDIA

De haber sido escrita en latín, probablemente La Divina Comedia se habría hundido inexorablemente en el cementerio literario de los siglos; afortunadamente, el poema histórico-teológico de Dante Alighieri fue escrito en el idioma del pueblo, para que todos lo entendieran.

¿Qué es La Divina Comedia? Es uno de los más maravillosos poemas jamás escritos. Es un espejo de la humanidad pecadora, comenzado en 1307.

Es un vasto y complejo cuadro de su época política —que bien podría ser la nuestra—, una pieza extensa que logra que el lector analice su propia vida, sus circunstancias, la existencia humana y la máquina que la mueve: codicia, usurpaciones, injusticias, infidelidades, hipocresía, ambiciones y vicios.

Dante fue desterrado de Florencia por el papa Bonifacio VIII, quien, por su despotismo, se ganó un sitio de "privilegio" en el infierno.

¿Cómo lo logró? Juan Eugenio Hartzenbusch, en su libro intitulado Dante, La Divina Comedia, dice: "Dante, que perdido en una selva oscura y acosado de fieras, de repente se le pone a la vista un hombre, o mejor decir, la apariencia, la sombra de un hombre, que se ofrece a guiarle.

Se halla Dante a la entrada de los infiernos; la sombra que le habla es la del gran épico de Roma, Virgilio, que por celestial permisión acompañará a Dante para mostrarle las almas y las penas de aquel lugar y del purgatorio, anunciándole que, para pasar al cielo, vendrá otra guía mejor a dirigir sus pasos; vendrá a encaminarle aquella Beatriz, primer amor de Dante, personificación de la Teología.

Sigue Dante a Virgilio por las dolorosas mansiones, donde nunca penetró la esperanza. Beatriz lo conduce hasta la presencia del Increado. Halla Dante en su camino, por entre los muertos, a muchos pecadores y justos, que le dan cuenta de sus culpas y de sus méritos, pesados en la balanza de la eterna justicia, y vuelve a la tierra a contar, para escarmiento y esperanza de los vivientes, su viaje admirable, su visión prodigiosa."

La Divina Comedia fue escrita en el exilio, donde murió el poeta a los 54 años de edad. Al reflexionar sobre la amargura del desarraigo, Dante dice: "Sentirás lo salado que es el pan comido en el extranjero y qué duro es el camino de subir y bajar las escaleras de otros…"

El 1 de mayo de 1271, Dante Alighieri, de 9 años de edad, se hallaba en un convite en casa de Folco Portinari cuando vio por primera vez a la hija de Portinari, Beatriz, que acababa de cumplir ocho años; niña de notable belleza, gracia y dulzura, una celestial criatura de quien el poeta en ciernes se enamoró.

La amó toda la vida, le consagró un culto ferviente, convirtiéndola en un ser sobrehumano, símbolo de las más altas de las ciencias, hasta su muerte a los 24 años, pero ya inmortalizada en su imperecedero poema.

Lo primero que vio Dante al llegar a las puertas del infierno, cuya leyenda rezaba así: "Yo paso doy a la ciudad del duelo; quien entre aquí renuncia a la esperanza".

Miles de almas desnudas vagan dando alaridos por los aguijones de avispas y vertiendo sangre que chupan los gusanos.

Ambos poetas cruzan el Aqueronte y llegan al limbo. Ahí observa Dante a niños y hombres sin esperanza, pero libres de pena, que no conocieron a Dios y, por ende, no son merecedores del fuego.

Ahí reconoció a Homero, Héctor, Eneas, Electra y un puesto para el mismo Virgilio, Platón, Sócrates, Aquiles y Julio César.

Nueve círculos, que se van estrechando uno debajo de otro, forman el infierno. El limbo es el primero de los nueve. El segundo sirve de prisión a los lujuriosos; allí gemían Helena de Troya, Semíramis y Cleopatra.

En el tercer círculo están, en un pantano de cieno, las almas de los soeces, avaros, chocarreros, clérigos, cardenales y aun papas a quienes subyugó la avaricia. Y así sucesivamente, hasta el último, en donde se encuentra el primer homicida del mundo, Caín. Todos en lagos de sangre con sus inaceptables sentencias.

Dante presenta a continuación el purgatorio, otra mansión de rigurosos y largos castigos, pero con esperanza, donde la resignación suaviza la pena. Pero hasta allí llega Virgilio, porque será Beatriz, vestida de luz y rodeada de ángeles, quien lo guíe al Paraíso, que también cuenta con varios cielos: nueve órbitas en un inmenso espacio en que girán la luna, donde moran las mujeres castas que, habiendo hecho votos de castidad, han sido violadas.

Todo en la luna es paz, dicha y tranquilidad, hasta llegar a la plena liberación espiritual, a la contemplación del origen y fuente de todo saber y toda perfección.

Estudiosos de Dante coinciden en que el poema-alegoría se refiere en gran parte a las repúblicas italianas, resumiendo así la historia de la humanidad, la vida de los pueblos, su saber, su fisonomía, todo.

Como hombre de Estado, relató los crímenes y males de Italia y sus deplorables consecuencias (infierno); en el purgatorio, la expiación de los pecados con esperanza de redención, y en el Paraíso, el remedio de todos: la pública felicidad, cifrada en el poder, el Imperio.

Sea como sea, La Divina Comedia aún sigue siendo el poema teológico más importante de todos los tiempos, y seguirá siéndolo hasta que el último hombre sobre el planeta deje de leer.

ME ALQUILO PARA SOÑAR

De los doce "peregrinos", los cuentos Me alquilo para soñar, Sólo vine a hablar por teléfono y El rastro de tu sangre en la nieve son hechos reales ocurridos a los latinos en Europa.

Todos ellos tienen un toque de humor negro, lo cual los hace cautivantes e inolvidables.

En una entrevista concedida por Gabriel García Márquez a un canal de televisión, le preguntaron que si el hecho de "matar" al personaje principal en las primeras páginas no le restaba encanto al libro.

—De ninguna manera —dijo García Márquez—, al contrario, sé de muchos lectores que, subyugados por la lectura y en su afán de saber qué pasa, leen los últimos dos capítulos. Ahí sí pierde el encanto el lector, pierde el interés y generalmente lo lee con desgano o lo hace a un lado.

"A mí me ha dado resultado; para muestra, Crónica de una muerte anunciada, que empieza con todo el pueblo sabiendo que Santiago Nasar iba a morir, menos él y su madre, Plácida Linero.

¿Cómo se enteró? Por boca de Bayardo San Román, que había devuelto a su casa a Ángela Vicario pocas horas después de haber consumado su matrimonio.

El novio no la encontró virgen y lo único que se le ocurrió fue devolverla a su familia. Los hermanos de la novia insistían en saber el nombre del supuesto aprovechado. La novia, en su desesperación, mencionó el primer nombre que se le vino a la cabeza y gritó: "¡Fue Santiago Nasar!".

"Es el lunes de su desgracia. Santiago se había levantado a las seis de la mañana y quince minutos después se encontraba degollado como un cerdo."

El editor Juan Bosch dice: "Desde las primeras líneas se sabe el final de la novela, pero se sigue leyéndola porque el autor atrapa al lector con mano poderosa desde que comienza la novela y lo mantiene en vilo, sin dejarlo en libertad hasta el final."

En Me alquilo para soñar, Frau Frida es el personaje principal. Su oficio: interpretar los sueños propios, luego los ajenos y, por último, apropiarse de los sueños de otras personas.

Con voz firme y pausada, Gabriel García Márquez ha dicho que el esfuerzo de escribir un cuento corto es tan intenso como empezar una novela.

Para él, en el primer párrafo hay que definir todo: estructura, estilo, tiempo, ritmo, longitud, y a veces hasta el carácter de algún personaje. "Lo demás —dijo— es el placer de escribir, el más íntimo y solitario que pueda imaginarse, y si uno no se queda corrigiendo el resto del libro por el resto de la vida es porque el mismo rigor de fierro que hace falta para empezarlo se impone para terminarlo."

"El cuento, en cambio, no tiene principio ni fin: fragua o no fragua. Y si no fragua, la experiencia propia y la ajena enseñan que la mayoría de las veces es más saludable empezarlo de nuevo por otro camino o tirarlo a la basura."

Finalmente dice, y siempre alrededor de sus "peregrinos", que "un buen escritor se aprecia mejor por lo que rompe que por lo que publica.

Los cuentos, de por sí, no obedecen a la ley de la inteligencia, sino a la magia de los instintos; estos, después de tanto andar del tiempo al tambo, peleando para sobrevivir a las adversidades de la incertidumbre. El que los lea sabrá qué hacer con ellos. Por fortuna, para estos Doce cuentos peregrinos, terminar en el cesto de los papeles debe ser como el alivio de volver a casa."

LA ETERNA SONRISA, IMPOTENCIA TOTAL

Un hombre de baja estatura, pelo cano y ojos azules como los de Segisfredo, escribió exclusivamente sobre la soledad del hombre del siglo XX y heredada con mayor intensidad en el XXI.

Un sentimiento angustioso es el no saber qué hacer ni dónde ir cuando la nostalgia y el temor nos invaden, o cuando la melancolía hace nido en la soledad del alma.

Un terrible drama es sentirse solo, sin amigos ni parientes comprensivos, lo mismo que pensar y pensar para llegar a ninguna parte: es la impotencia total.

Se trata del sueco Pär Lagerkvist, responsable de una trilogía hasta ahora no superada por nadie. Se trata de El enano, El verdugo y Barrabás, que inclinó la balanza a su favor en la escogencia del Premio Nobel de Literatura en 1954.

El filósofo Antonio Huerta apunta que el premiado trabaja (La eterna sonrisa) la búsqueda de la identidad y el sentido de la vida, que constituyen gran parte del conflicto vivencial del siglo XX, y junto a ella aflora la religiosidad que plasma en toda su obra.

La trilogía tiene un tema común: un personaje que asiste al misterio y trágico espectáculo de la vida sin haber sido llamado, pero pagando las consecuencias de tan enigmático banquete.

El verdugo es una obra-denuncia y un combate contra las fuerzas destructoras, contra la violencia en general, y se presenta en holocausto. Conociendo estos terribles crímenes, el escritor hace un llamado desesperado que crea eco en el tiempo: el lúgubre medioevo con su muerte triunfadora en una danza siniestra y lasciva "al son de un fox".

"La violencia —dice— es la más alta expresión de la energía humana, ya sea intelectual o física."

Esta trilogía viene a suponer tres historias en las que se habla de una nueva era, de una renovación.

El verdugo: la era industrial coronada de holocausto.

Con El enano: la era capitalista moderna, la del glorioso hombre coronado de sangre y epidemias.

Y con Barrabás: la nueva era cristiana, coronada con el martirio de inocentes y con la concepción del pecado y la perdición.

El enano es el hombre del futuro: el hombre emprendedor y seguro de sí mismo, el dinero, la guerra sin victoria.

Y con Barrabás comienza la era de la ejecución de inocentes, cárceles llenas de hombres que cumplen largas condenas sin haber sido juzgados (Jesucristo) y con la liberación de un asesino (Barrabás).

Jesucristo es un hombre simbólico; su ejecución es presenciada por Barrabás, que no comprende por qué aquel inocente es ajusticiado y él, siendo culpable, es dejado en libertad. No concibe que aquel muera por él, y de ahí la irresistible atracción que siente.

Barrabás es el símbolo del subproletariado, de la masa desheredada destinada a sobrevivir entre la basura, pero que comparte el mismo enigma ante la muerte.

El histórico ladrón no entiende nada, pero permanece sorprendido ante el suplicio del Gólgota, ciego y sordo ante el misterio inmenso que, sobre la cumbre del Calvario, se desarrolla.

Es como El extranjero de Albert Camus, personaje que nunca se da cuenta de qué se tratan las cosas: hombres que vagan por el mundo como extranjeros, extraños a los demás y a sí mismos.

Hombres que no analizan ni tienen la capacidad de profundizar, como en política, que siguen a una persona sin saber exactamente por qué ni para qué, sencillamente porque simpatizan con el hombre extraño y ajeno al acontecer actual, pasado o futuro, y que al morir no dejan huella siquiera entre su propia gente.

En resumidas cuentas, Barrabás es el noventa por ciento de la humanidad, que vive sin comprender jamás el significado de este dramático camino que se nos ha trazado y que forzosamente tenemos que transitar sin haberlo solicitado.

Lagerkvist, cuya línea existencialista coincide con la de Sartre y Camus, buscó contestaciones a las eternas preguntas que se plantea la humanidad, sin haber conseguido nunca una respuesta.

CONTENIDO